BEI GRIN MACHT SICH IHR WISSEN BEZAHLT

- Wir veröffentlichen Ihre Hausarbeit, Bachelor- und Masterarbeit

- Ihr eigenes eBook und Buch - weltweit in allen wichtigen Shops

- Verdienen Sie an jedem Verkauf

Jetzt bei www.GRIN.com hochladen und kostenlos publizieren

Nadine Erler

Fredrika Runeberg - Die Geschichte meiner Feder

Aus dem Finnlandschwedischen übersetzt von Nadine Erler

GRIN Verlag

Bibliografische Information der Deutschen Nationalbibliothek:

Die Deutsche Bibliothek verzeichnet diese Publikation in der Deutschen National-
bibliografie; detaillierte bibliografische Daten sind im Internet über http://dnb.d-
nb.de/ abrufbar.

Dieses Werk sowie alle darin enthaltenen einzelnen Beiträge und Abbildungen
sind urheberrechtlich geschützt. Jede Verwertung, die nicht ausdrücklich vom
Urheberrechtsschutz zugelassen ist, bedarf der vorherigen Zustimmung des Verla-
ges. Das gilt insbesondere für Vervielfältigungen, Bearbeitungen, Übersetzungen,
Mikroverfilmungen, Auswertungen durch Datenbanken und für die Einspeicherung
und Verarbeitung in elektronische Systeme. Alle Rechte, auch die des auszugsweisen
Nachdrucks, der fotomechanischen Wiedergabe (einschließlich Mikrokopie) sowie
der Auswertung durch Datenbanken oder ähnliche Einrichtungen, vorbehalten.

Impressum:

Copyright © 2011 GRIN Verlag, Open Publishing GmbH
Druck und Bindung: Books on Demand GmbH, Norderstedt Germany
ISBN: 978-3-640-99840-1
.

Dieses Buch bei GRIN:

http://www.grin.com/de/e-book/177868/fredrika-runeberg-die-geschichte-meiner-
feder

GRIN - Your knowledge has value

Der GRIN Verlag publiziert seit 1998 wissenschaftliche Arbeiten von Studenten, Hochschullehrern und anderen Akademikern als eBook und gedrucktes Buch. Die Verlagswebsite www.grin.com ist die ideale Plattform zur Veröffentlichung von Hausarbeiten, Abschlussarbeiten, wissenschaftlichen Aufsätzen, Dissertationen und Fachbüchern.

Besuchen Sie uns im Internet:

http://www.grin.com/

http://www.facebook.com/grincom

http://www.twitter.com/grin_com

Fredrika Runeberg

Die Geschichte meiner Feder

Aus dem Finnlandschwedischen übersetzt von Nadine Erler

Das Original erschien 1946 unter dem Titel *Min pennas saga*
bei der Svenska Litteratursällskapet i Finland in Helsinki

Eine Neuauflage von 2007, ebenfalls herausgegeben von
der Svenska Litteratursällskap i Finland, versehen mit einem
Vorwort und Anmerkungen von Hedvig Rask, kann als PDF
heruntergeladen werden:

http://media.gratisebok.se/2011/02/Fredrika-Charlotta-Runeberg-Min-pennas-saga.pdf

1

Seit die alte Mutter sich zur Ruhe begeben hat, habe ich manchmal gedacht, daß vielleicht eins meiner Kinder daran interessiert sein könnte, etwas über mein Innenleben und meine geringfügige Schriftstellerei zu erfahren. Der Gedanke wurde um so lebendiger, als mir erst kürzlich eine Bekannte Vorwürfe machte, weil ich dieser Tage wieder viele ältere Erzeugnisse meiner Feder den Flammen übergeben habe. Sie meinte, daß doch zumindest meine Kinder daran interessiert sein könnten, zu sehen, wie sich meine Persönlichkeit entwickelt hat. Aber – einer der Gründe für die Vernichtung dessen, was ich geschrieben habe, ist gerade, daß sich nach meinem Heimgang niemand aus Achtung vor einer Toten gezwungen fühlen soll, meine Schriften zu lesen, bevor sie zerstört werden.

Was vor vierzig Jahren geschrieben wurde, ist – wenn es auch möglicherweise nicht schlechter ist als vieles andere, das zur gleichen Zeit gedruckt und gelesen wurde – heute nicht mehr lesenswert. Das sind nur die *großen* Werke: die Arbeiten, die es schaffen, ein halbes oder ganzes Jahrhundert zu überdauern. Viele Bücher, die in meiner Jugend mit Begeisterung gelesen wurden und deren Verfasser bei ihren Zeitgenossen in hohem Ansehen standen, wirken ziemlich schwach, wenn man sie heute liest. Das, was ich geschrieben habe, wurde nicht einmal gelesen, als die geschilderten Gefühle und Ansichten aktuell waren – warum sollte ich es jetzt aus der Perspektive einer anderen Zeit lesen und beurteilen lassen? Lesen – und verwerfen lassen!

Sollte jedoch vielleicht eins meiner Kinder Interesse an den Träumen meiner Seele – den Kindern meiner Feder – haben, dann kann ich für diesen Zweck etwas darüber niederschreiben.

Ich war ein kränkliches und schwächliches Kind[1] und mußte daher – den Gepflogenheiten der Zeit entsprechend – im Haus bleiben und vor zuviel Kontakt mit frischer Luft geschützt werden. Ein von einer Mauer umgebener, tiefliegender, kellerähnlicher, gepflasterter Hof mit jeweils einer Erle in den vier

---

[1]   Fredrika Runeberg, geb. Tengström, wurde am 2. September 1807 in Jakobstad geboren (Anm. d. Übers.).

Ecken lud einen auch nicht gerade zum Spielen im Freien ein. Puppen oder anderes Spielzeug hatte ich nicht – und auch keine Spielkameraden. Alle Geschwister waren viel älter als ich und von der Schule und den Hausaufgaben in Anspruch genommen.

Aber ich brannte darauf, "lustige Geschichten" lesen zu können, und vertiefte mich darin, die Buchstaben wenigstens anzusehen und nach dem Namen des einen oder anderen zu fragen. Ich rannte durchs Zimmer und buchstabierte ganze Wörter und Sätze zusammen, und als ich lesen lernen sollte, stellte sich heraus, daß ich diese Kunst bereits beherrschte. Damals war ich etwa fünf Jahre alt.

Besonders gut erinnere ich mich an einen Abend bei meinem Onkel, Erzbischof Tengström[2], der eine Namenstagsfeier veranstaltete. Beim Abendessen mußte ich vortreten und zur Feier des Tages geschriebene Verse vorlesen, die auf einem Spiegelteller mitten auf dem Tisch lagen. Daß es eine Art Aufführung war, kam mir nicht in den Sinn. Die Verse sollten vorgetragen werden, und da ein Kind anwesend war, machte sich natürlich kein Erwachsener die Mühe; das fand ich ganz natürlich.

Auch zu den Tanzveranstaltungen im Haus des Erzbischofs durfte ich Mama[3] und meine große Schwester[4] ab und zu begleiten. Einige Herren amüsierten sich damit, mit der kleinen vierjährigen Plaudertasche in dem roten Kleid und der krausen Perücke zu tanzen, und ich trippelte auf meinen kleinen Füßen nach Herzenslust durch den großen Saal. Das war meine Glanzzeit! Aber als Graf A. Armfelt[5], damals noch ein junger Student, nach dem Tanz eine Verbeugung vor seiner kleinen Dame machte und als alle darüber lachten, daß ich von dem alten, gebrechlichen Professor Wallenius allen Ernstes eine Aufforderung zum Tanz

---

[2]   Jacob Tengström (1755 – 1832): Fredrika Runebergs Onkel väterlicherseits, erster Erzbischof Finnlands und Autor des ersten finnlandschwedischen Kinderbuchs *Tidsfördrif för mina barn* (1799). Nicht zu verwechseln mit seinem Neffen, dem Historiker und Philosophen Johan Jacob Tengström (Anm. d. Übers.).

[3]   Fredrika Runebergs Mutter: Anna Margareta Tengström, geb. Bergbom (1771 – 1838). Großtante des bekannten Theaterdirektors Karl Johan (finn. Kaarlo Juhana) Bergbom (1843 – 1906) (Anm. d. Übers.).

[4]   Fredrika Runebergs Schwester: Johanna Carolina Tengström (1803–1885) (Anm. d. Übers.).

[5]   Alexander Armfelt (1794 – 1876): Finnischer Soldat und Staatsmann, studierte 1813 in Turku und nahm 1815 am Feldzug gegen Napoleon teil (Anm. d. Übers.).

annahm, ging mir auf, daß man mich zum Narren hielt, und ich hörte auf zu tanzen. Später als Erwachsene hatte ich keinen besonderen Spaß mehr am Tanzen und war nie wieder so brillant wie mit vier oder fünf Jahren.

Andere Kinder gab es im engeren Familien- und Freundeskreis nicht, und die jungen Leute in der Verwandtschaft amüsierten sich damit, mich zu hänseln. Dann vergoß ich in aller Stille viele bittere Tränen, weil ich mich hatte ärgern lassen. Wieder suchte ich Zuflucht bei den geliebten Büchern und las alles, was mir in die Hände fiel – von Kajsa Warg[6] und dem Almanach bis zu den Büchern im Regal meines Vaters[7], die alle mehr oder weniger zu hoch für mich waren.

Um nähen zu lernen und vielleicht auch, um beschäftigt zu sein, kam ich in eine Schule für kleine Kinder. Den Katechismus hatte ich schon vorher "auswendig" gelernt, und ab und zu fragten meine Mutter oder meine Schwester mich ab. Zwei Jahre in Folge durfte ich in der Kirche "für den Pfarrer lesen" und war stolz auf meinen schönen "Lesezettel", aber höchst unzufrieden, weil ich allzu wenig verhört wurde, denn ich hatte ja nur ein paar Worte aus dem ganzen Katechismus zusammengestottert, den ich noch einen Tag zuvor für Mama Seite um Seite heruntergeschnurrt hatte.

Auch das Schreiben habe ich mir eigentlich selbst beigebracht. Daß ich wenig bis gar keinen Unterricht in diesen Fertigkeiten bekommen habe, lag wahrscheinlich daran, daß man mich für zu jung hielt.

Wie lange ich in die Nähschule ging, weiß ich nicht mehr genau. Ich war wohl etwa sieben Jahre alt, als ich den Schulbesuch beendete. Von da an unterrichtete mein ältester Bruder[8] mich zu Hause, womit wir dann – abgesehen von einigen Unterbrechungen wegen Kränklichkeit und ähnlichem – mehrere Jahre fortfuhren.

---

[6]   Anna Christina Cajsa Warg (1703 – 1769): Stockholmer Haushälterin, berühmt für ihr 1755 erschienenes Kochbuch *Hjelpreda i hushållningen för unga Fruentim(b)er* (Anm. d. Übers.).

[7]   Fredrika Runebergs Vater: Carl Fredrik Tengström (1762 – 1824), zum Zeitpunkt ihrer Geburt Zollbeamter in Jakobstad, ab 1809 Finanzbeamter der Regierung in Turku (bis 1812 finnische Hauptstadt). Die Familie wohnte im Turkuer Klosterviertel (Anm. d. Übers.).

[8]   Fredrika Runebergs ältester Bruder: Carl Tengström (1797 – 1853), der später Anwalt wurde. Weitere Geschwister waren die Brüder Fredrik Tengström (1799 – 1871) und Gabriel Tengström (1801 – 1885). Fredrika Runeberg war das achte von insgesamt neun Kindern, doch vier ihrer Geschwister starben im frühen Kindesalter (Anm. d. Übers.).

Mein Bruder war ein Mann der Regeln, gewissenhaft und grundehrlich. Er hatte seine Eigenheiten, war aber gütig und wohlwollend zu mir, wenn auch seine Methoden stahlhart waren. Das ganze erste Jahr mußte ich außer der biblischen Geschichte deutsche Grammatik lernen, und als ich meinen Stridsberg[9] „wie am Schnürchen" konnte, drückte er mir eine Chrestomathie und ein Lexikon in die Hand und sagte: „Übersetze und interpretiere!" Kein weiterer Hinweis. Jeder Fingerzeig wäre für ihn eine Aufforderung zur Bequemlichkeit gewesen, aber dafür konnte ich jedes Wort bis ins kleinste Detail analysieren, als ich endlich wagte, meine Lektion zu präsentieren.

Ich erinnere mich lebhaft daran, wie befangen ich war, als ich mich in diesem Labyrinth aus Worten, grammatikalischen Begriffen und Formen, die ich nicht verstand, zurechtfinden sollte, aber es mußte gehen. Es ging tatsächlich, obwohl ich zumindest in den ersten Tagen ganz verwirrt war und mich unglücklich fühlte.

In meiner Freizeit las ich weiterhin alles, was mir in die Hände fiel – die unterschiedlichsten Dinge, z. B. die Vorworte der Grammatiken, die ich auch während der Schulstunden unzählige Male durchlas.

Wann ich anfing, meine Gedanken niederzuschreiben, weiß ich nicht mehr. Das erste Mal, an das ich mich erinnere, war ein Neujahrstag. Ich war höchst unzufrieden, weil die *Åbo Tidning* in jenem Jahr keine Neujahrsgedichte enthielt. Im Jahr zuvor hatte es welche gegeben, und außerdem hatte ich meine Mutter pikante Neujahrsverse rezitieren hören – ich glaube, die stammten von Choræus[10], der mit meinen Eltern persönlich bekannt war. Man erzählte sich viele Anekdoten über ihn, und seine Verse wurden oft zitiert – auch bei Familienfeiern. Ich hielt es daher für einen großen Mangel, daß in der Zeitung die Neujahrsverse fehlten, und beschloß deshalb, selbst welche zu schreiben. An den ersten erinnere ich mich noch:

---

[9]   Gemeint ist das *Lärobok för begynnare i tyska språket* (1783) von Carl Stridsberg (1755 – 1819), einem schwedischen Lehrer und Theologen (Anm. d. Übers.).

[10]   Michael Choræus (1774 – 1806): Finnlandschwedischer Pfarrer und Schriftsteller, ab 1799 Dozent an der Åbo Akademi in Turku. Bekannt für seine Gedichte, die in den Zeitungen *Åbo Tidning* und *Stockholmsposten* erschienen. Seine Witwe Sofia Kristina heiratete nach seinem Tod den Schriftsteller Franzén (Anm. d. Übers.).

Das neue Jahr hat schon seinen Hut gelüftet

Und dem alten gute Nacht gesagt

Aber wie es weiterging, weiß ich nicht mehr, auch nicht, wie lang der Erguß war. Später – mit etwa 10 Jahren – schrieb ich ein Märchen, das wahrscheinlich Leopolds[11] *Kräket eller de tre svåra orden*[12] nachempfunden war. Dessen Inhalt habe ich behalten: Jupiter schickte den Menschen eine Wagenladung mit Tugenden und Lastern, jede mit einem Namenzettel versehen. Unterwegs überwältigten die Laster die Tugenden, die viel zu fromm waren, um sich zu verteidigen, und eigneten sich die Namensschilder der Tugenden an und zwangen sie, ihre eigenen Namen zu tragen. Als sie die Erde erreichten, beeilten sich die Männer, sich die Eigenschaften anzueignen, die schöne Namen trugen, und als endlich auch den Frauen erlaubt wurde, sich ihren Teil zu nehmen, waren nur noch die Eigenschaften übrig, die jetzt die Namen der Laster trugen. Darum, so schließt das Märchen, gelten noch heute die Laster der Männer als Tugenden, und die Tugenden der Frauen werden oft als Laster bezeichnet.

Literatur lag in der Luft, die ich atmete. Die Verdienste meines Onkels in dieser Hinsicht sind bekannt, und in seinem Haus traf sich alles, was auf dem Gebiet von Literatur und Wissenschaft Rang und Namen hatte. Seine Söhne und meine drei Brüder studierten und erlangten den Magistergrad, die Töchter heirateten Professoren und andere Universitätsmitarbeiter.

Für alle möglichen Familienfeiern wurden Verse geschrieben, und ein Weihnachtsgeschenk ohne Gedicht war fast undenkbar. In den Tagen vor Weihnachten wurden überall Verse fabriziert – und auch am Weihnachtsabend selbst, wenn sich die engste Verwandtschaft im Haus meines Onkels versammelte. Diese Zeilen waren Kinder des Augenblicks, die im gleichen Moment starben. Die meisten wurden am Weihnachtsmorgen mit dem Geschenkpapier hinausgefegt, einige wenige wurden aufbewahrt und vielleicht noch einmal am ersten Weihnachtstag vorgetragen.

---

[11] Carl Gustaf af Leopold (1756–1829), schwedischer Schriftsteller (Anm. d. Übers.).
[12] „Der Wurm oder die drei schwierigen Worte" (Anm. d. Übers.).

Vor meiner Zeit galt jede Buchgelehrsamkeit, die über das Auswendiglernen des Katechismus hinausging, nicht nur als unnötig, sondern als geradezu verderblich für Frauen. Natürlich schickten viele Eltern ihre Töchter für ein oder mehrere Jahre nach Stockholm in ein Pensionat oder, wenn die Mittel bescheidener waren, als Dienstmädchen in ein vornehmes Haus. Das geschah zu dem Zweck, daß die Mädchen etwas lernten – Manieren und den richtigen Ton, Säume nähen und ein paar französische Phrasen, um damit ihre Gespräche zu spicken. Auch meine Mutter hatte ein Jahr in einem Pensionat in Stockholm verbracht.

Mittlerweile gab es auch die eine oder andere Schule für Mädchen. Frau Danét betrieb ein Pensionat in Turku, wo die Schülerinnen etwas Französisch, ein bißchen Geschichte und Geographie und Nähen lernten. Einige wenige, darunter meine Eltern und mein Onkel, legten bei der Erziehung ihrer Töchter großen Wert auf das Lesen.

Bei mir zu Hause schärfte man uns die Notwendigkeit ein, uns Kenntnisse anzueignen, damit wir im Notfall unseren Lebensunterhalt als Gouvernanten verdienen konnten, und man vergaß nicht, daß Wissen auch dann nützlich war, wenn es nicht zum Broterwerb diente.

Mama war jedoch oft bekümmert, weil ich mich allzu wenig mit Näharbeiten befaßte und daher ungeschickt im Umgang mit der Nadel war – im Gegensatz zu meiner Schwester Carolina, die fast fünf Jahre älter war als ich.

Mein Vater erklärte dagegen, daß ich ruhig jetzt lesen dürfte und die Kunst des Nähens dann eben später lernen sollte. Und ich glaube wirklich, ohne Prahlerei sagen zu können, daß ich dann mit siebzehn oder achtzehn Jahren und später ebensoviele und ebensogute Näharbeiten zustandebrachte wie Gleichaltrige, deren Erziehung von Kindesbeinen an auf Handarbeit ausgerichtet gewesen war.

Ich kann es mir nicht verkneifen, hier eine Bemerkung zu machen, die eigentlich nicht zur Sache gehört. Wenn noch in unseren Tagen soviele Leute behaupten, daß die Erziehung früherer Zeiten viel geeigneter gewesen sei als die heutige, tüchtige Frauen heranzubilden, woher kommt es dann, daß der Hohn – ja, die Verachtung, mit der noch in meiner Kindheit immer von Frauen gesprochen wurde, sich jetzt so bedeutend gemildert hat? Kurz gesagt: Nimmt man irgendein

Buch oder eine beliebige Zeitung von damals zur Hand, stößt man immer auf das gleiche schöne Thema: die Nutzlosigkeit der Frauen, was auch ständig in Gesprächen zu hören war. Ihre Lügenhaftigkeit, Rede- und Klatschsucht, Untauglichkeit, Gedankenlosigkeit, Mangel an Urteilsvermögen und so weiter und so fort waren ein endloses Thema – ganz zu schweigen von dem unaufhörlichen Spott, der die armen alten, unverheirateten Frauen traf. Daß ein Mann Vergnügen an einem Gespräch mit seiner Frau haben könnte, war kaum vorstellbar. Mit einem Wort, die Frau war eine Sündenstrafe, die nur verhöhnt und getadelt wurde. Heutzutage hört man ja nicht mehr so gehässiges Gerede. Kann es sein, daß die Frauen dank der Erziehung späterer Zeiten – so unvollkommen diese auch sein mag – ihren Platz im Leben besser ausfüllen und weniger Grund zur Klage geben? Oder liegt es daran, daß die Männer heutzutage höflicher oder – gerechter sind?

Aber jetzt will ich zur Geschichte meiner Kindheit und Erziehung zurückkehren.

Mit dreizehn Jahren, also 1820, begleitete ich meine Eltern auf eine Reise nach Österbotten und blieb bei meinem Onkel (einem Bruder meiner Mutter) und seiner Familie auf Ollinsaari, seinem Besitz in der Nähe von Brahestad. Wir hofften, daß die Luftveränderung meinen hartnäckigen Husten kurieren würde, was auch geschah. Mein erster Tag dort war mein dreizehnter Geburtstag.[13] Hier begann für mich ein neues Leben. Vier Mädchen – in meinem Alter beziehungsweise etwas jünger – nahmen sich meiner an. Sie lehrten mich, mich über den Gartenzaun zu schwingen, statt sittsam durch die Pforte zu gehen, und brachten mir auch noch andere für das eingesperrte Stadtkind ungewohnte Verhaltensweisen bei.

Die älteste Tochter im Haus war ein für seine Zeit ungewöhnlich gebildetes und belesenes junges Mädchen. Sie hatte mit ihren Brüdern am Unterricht des Hauslehrers teilgenommen und dann einige Jahre in Stockholm verbracht, um

---

[13] So sah ich es damals und glaubte es seitdem, aber jetzt – mehrere Jahre, nachdem ich dies niedergeschrieben habe – habe ich einen Brief gefunden, der bezeugt, daß ich mich im Winter 1820/21 auf Ollinsaari aufhielt, und da ich 1807 geboren bin, muß ich ja am besagten Tag schon dreizehn gewesen sein. Aber es bestand immer eine merkwürdige Verwirrung hinsichtlich meines Alters. Das Kirchenbuch in Porvoo – und ich glaube, auch das in Helsinki – gibt 1809 als mein Geburtsjahr an, was falsch ist (Anm. d. Verf.).

ihre Erziehung zu vollenden. Jetzt war sie die Lehrerin ihrer Schwestern und wurde auch meine.

Deutsch hatte ich schon vor langer Zeit gelernt und es sogar frei aus Büchern übersetzt. Auch mit Französisch kam ich ganz gut zurecht. „Schwester Carin"[14] bot mir nun auch Musikstunden an, aber zum einen wußte ich, daß bei mir zu Hause nicht genug Mittel für Instrumente und Unterricht vorhanden sein würden, wenn ich zurückkam, und zweitens hielt ich mich, was musikalische Begabung betraf, für zu kurz gekommen. Deshalb bat ich darum, statt der Musikstunden Zeichenunterricht zu bekommen, was mir auch erlaubt wurde. Dieser letzteren Kunst widmete ich mich mit wirklicher Leidenschaft, ohne zu ahnen, daß ich mit dem, was es zu jener Zeit zu lernen gab – nicht nur bei Schwester Carin, sondern in unserem ganzen Land – , niemals irgendeinen Blumentopf gewinnen würde.

Das Leben auf dem Land, das mit viel Bewegung an frischer Luft verbunden war, tat meinem Körper und meiner Seele gut. Dünn wie ein Strich bei der Ankunft, kehrte ich nach einem Jahr frisch und gesund nach Turku zurück. Ich glaube nicht, daß das Lernen große Fortschritte gemacht hatte, aber es besteht kein Zweifel, daß ich in vieler Hinsicht von diesem Jahr profitierte.

Bis dahin hatte ich wenig Gelegenheit gehabt, mit anderen Kindern zu spielen. Unter denen, die ich ab und zu in Turku traf, verstand ich mich mit J. J. Nervander[15] am besten. Wir lasen und diskutierten miteinander, spielten aber nur selten. Doch hier war ich nun die ganze Zeit mit gleichaltrigen Mädchen zusammen, und dank „Schwester Carin" und ihren Brüdern waren diese Mädchen geistig rege und mehr als die meisten anderen an Lektüre und Bildung interessiert.

Zu diesem Zeitpunkt hatte ich schon massenhaft Romane verschlungen – teils als Vorleserin für meine Mutter und meine Schwester, wenn sie bei ihren Näharbeiten saßen, teils für mich selbst. Aber da meine gegenwärtigen

---

[14]   Margareta Catharina Bergbom (1794–1853) (Anm. d. Übers.).
[15]   Johan Jakob Nervander (1805 – 1848) war ein finnlandschwedischer Physiker, Dichter und Übersetzer. Jugendfreund von Johan Ludvig Runeberg und Fredrika Tengström, tonangebendes Mitglied der „Samstagsgesellschaft" (Anm. d. Ü.).

Spielkameradinnen keine Romane lesen durften, beschloß auch ich, mir solche Lektüre zu versagen. Doch es fiel mir schwer, bei meinem Entschluß zu bleiben, da es im Haus eine reiche Sammlung an Romanen gab, darunter solche, die ich besonders gern lesen wollte. Aber ich hielt durch, und die Romane blieben für dieses Jahr ungelesen.

Meine Lieblingslektüre waren Reisebeschreibungen. Zu Hause versorgten mich mein ältester Bruder und mein Lehrer oft mit solchen Büchern, und ich las sie eifrig, obwohl meine Schwester, deren Worte großes Gewicht für mich hatten, sich darüber ärgerte, daß ich „so etwas Langweiliges" interessant finden konnte. Hier auf dem Land hatte ich reichlich Zugang zu Geschichtsbüchern. Solche Bücher hatte ich auch im Regal meines Vaters gefunden, aber zu Hause waren doch hauptsächlich die Werke der schwedischen Skalden vertreten – mehr oder weniger vollständig – , bis zu Werken aus der Zeit, in der die sogenannte neue Schule auf den Plan trat. All das – ebenso das *Journal för svensk litteratur* und diverse andere Zeitschriften – hatte ich der Reihe nach unter die Lupe genommen.

Aber Atterbom[16] und andere Phosporisten[17] waren immer mehr als Toren und Phantasten dargestellt worden denn als lesenswerte Verfasser. Nun war mir jedoch eine andere Sicht der Dinge begegnet, und meine Spielkameraden und ich beschäftigten uns eifrig damit. „Schwester Carin" sang Atterboms *Blommorna*[18] zur Musik von Nordblom[19], und ich, überfüttert mit erbaulicher Vernunfts- und Geschmackspoesie, hatte meine Freude daran, mich über „den Herzblutruf der sterbenden Kraft", „Die Königin von Saba in Österlands Staat", die „Rätsel des Hinterhalts webt", „Das Segel des Zephirs" usw. zu amüsieren. Mit meinen dreizehn Jahren war ich unbeschreiblich akademisch gesinnt.

---

[16]   Per Daniel Amadeus Atterbom (1790 – 1855): Schwedischer Dichter und Literaturhistoriker, gründete an der Universität Uppsala den „Aurorabund" zur Förderung der schwedischen Literatur, der sich gegen den Einfluß des französischen Klassizismus wandte (Anm. d. Übers.).

[17]   Anhänger der Ziele von Atterboms "Aurorabund", benannt nach der Zeitschrift *Phosphorus*, die der Bund von 1810 bis 1815 herausgab (Anm. d. Übers.).

[18]   *Blommorna*: Gedichtzyklus von Atterbom (Anm. d. Übers.).

[19]   Johan Erik Nordblom (1788 – 1848): Schwedischer Komponist und Dirigent (Anm. d. Übers.).

Als in Brahestad eine fahrende Theatertruppe gastierte, wurden die Bewohner der Stadt von einer regelrechten Raserei ergriffen. Jeder, der etwas auf sich hielt, wollte ins Theater gehen, und es war sogar die Rede von jemandem, der seinen Silberlöffel verpfändet hatte, um Geld für eine Karte zu bekommen.

Auch wir Kinder durften oft bei diesem beliebten Vergnügen dabeisein, und fortan spielten wir eifrig Theater. Jeden Sonntagnachmittag und in jeder freien Stunde gab es Aufführungen. Ich hatte schon in Turku ein paarmal bei Kinderaufführungen mitgewirkt, und zwei Stücke – davon eins auf Deutsch – studierten wir gründlich ein. Wir probten und führten es auch auf.

Aber für gewöhnlich bestand das Theaterspielen darin, daß eine von uns – meistens ich – auf der Grundlage eines Theaterstücks, das wir gelesen oder gehört hatten, oder auch mit eigener Phantasie ein Gerüst für eine Komödie oder ein Drama entwarf, ja, manchmal auch für eine Tragödie.

Die Handlung wurde den Mitspielenden geschildert, die Rollen verteilt, einige Stühle aufgestellt, ein paar Kerzen angezündet, und schon war das Theater fertig. Besonderes Vergnügen machte es, die Mitspielenden dazu zu bringen, genau das zu sagen, was man wünschte, um eine Antwort zu geben und den Verlauf des Stückes so zu gestalten, wie man wollte. Zwischen den Auftritten war man Zuschauer. Selten wurden alle gebraucht, da jede mehrere Rollen spielte.

Ein weiterer abendlicher Zeitvertreib war das Märchenerzählen. Auch die wurden während des Erzählens erfunden und waren höchst interessant. Ich erinnere mich, wie die neunjährige Emelie mit Tränen in den schönen Augen eifrig bat: „Nein – nein – mach es nicht so traurig – laß es gut ausgehen!"

Eines Abends tauchte ein junger Mann in unserem Kreis auf. Er war ein Schreiber meines Onkels und wollte uns ein Märchen erzählen. Das war sehr lustig, aber er war noch nicht weit gekommen, als ich schon ausrief: „Ah, *Aladdin und die Wunderlampe!*" (Ich hatte Oehlenschlägers[20] Bearbeitung gelesen, *Tausendundeine Nacht* war bei uns zu der Zeit noch mehr oder weniger

---

[20]   Adam Gottlob Oehlenschläger (1779 – 1850): Dänischer Dichter der Romantik, schrieb 1819 den Text der Nationalhymne *Der er et yndigt land*. Sein Theaterstück *Aladdin eller den forunderlige lampe* wurde 1815 uraufgeführt (Anm. d. Übers.).

unbekannt.) Nur mit Mühe konnten wir den Erzähler überreden, fortzufahren, nachdem er wußte, daß sein Märchen schon bekannt war, jedenfalls einer der Zuhörerinnen.

Eine andere Unterhaltung im Winter war die Chiffreschrift. Ich hatte eine Abbildung davon in Schillers *Geisterseher* gefunden, und wir versuchten uns daran. Wir schrieben Billetts in Chiffre an jeden, den wir kannten, auch – in aller Unschuld – an den eben genannten jungen Mann, der uns in schönen Chiffrebuchstaben antwortete. Aber irgendeine Art von Verliebtheit kam damals ebenso wenig wie später für mich in Frage. Weder als junges Mädchen noch als Erwachsene erging ich mich in irgendwelchen Liebesschwärmereien oder Romanzen, und dabei las ich doch ganz unverfroren Romane. Vielleicht bekamen Romanzen gerade deshalb nie einen geheimnisvollen Reiz für mich, weil mir solche Lektüre nie verboten wurde.

Die Zweideutigkeiten, die wohl in vielen Büchern vorgekommen sein dürften, verstand ich nicht. Für die Reine ist alles rein. Romane las ich wie Märchen, als Geisteskinder ohne Anspruch auf Wirklichkeit. Noch als Erwachsene erschrak ich, wenn ein Herr mir Höflichkeiten erwies oder mir ein Kompliment machte. Wenn jemand auf so eine Idee kam, war ich jedes Mal überzeugt, daß ich mich in irgendeiner Weise unpassend verhalten haben mußte. Ja, ich muß hinzufügen: Ich habe erst jetzt im Alter einen Begriff davon bekommen, daß junge Mädchen, die Anspruch auf Reinheit und Sittsamkeit erheben, trotzdem in Schwärmereien und Liebesphantasien schwelgen können. Wenn so etwas in meiner Jugend um mich herum vor sich ging, bekam ich es zumindest nicht mit.

Aber jetzt bin ich weit von meinem Jahr in Österbotten abgeschweift. Trotz der vielen frohen Stunden gab es auch oft traurige Momente. Unter den Kindern blieb ich immer das fremde Küken, das sich der falschen Glucke angeschlossen hat, und wie immer hielt ich es für selbstverständlich, daß der Fehler einzig und allein bei mir lag, wenn ich geärgert wurde, und war traurig, weil ich nicht wußte, wie ich mich hätte verhalten sollen.

Ich habe ausführlich über dieses Jahr geschrieben, weil es für mich in mehrerer Hinsicht ein Wendepunkt war. Ich war gesünder geworden und nicht mehr so grüblerisch und in mich gekehrt. Ich hatte mit anderen Kindern gelebt und gespielt, die die gleichen kindlichen Gedanken beschäftigten wie mich. Und genau deshalb war ich gesünder geworden und dachte weniger über mich selbst nach. An die folgenden Jahre kann ich mich kaum erinnern. Mit siebzehn durfte ich auf eigenen Wunsch auf Frau Salmbergs[21] neugegründete Schule gehen. Natürlich weiß ich noch, daß ich irgendeine Schreiberei geplant hatte – ich habe eine dunkle Erinnerung an einen angefangenen Roman, ein Theaterstück, für das das gleiche galt, und diverse andere Dinge, die dann dem großen Brand[22] von Turku zum Opfer fielen, aber nun war ich ein erwachsenes Mädchen und bei recht guter Gesundheit, jetzt sollte die Zeit genutzt werden. Wir nähten fleißig und unentwegt, besonders meine Schwester, aber auch ich, und zwar untadelig. Zum Lesen, Schreiben und dem geliebten Zeichnen blieb nur wenig Zeit. Für kurze Zeit ging ich auch in die Schule einer Frau Johnson, wo ich Französisch *sprechen* und *schreiben* lernte, während unsere Lehrerin nicht einmal gut Schwedisch verstand.

Daß junge Mädchen aus der Oberschicht Französisch lernten, war inzwischen selbstverständlich; auch Deutsch war nichts Ungewöhnliches mehr. Aber außer für gewöhnlich ziemlich oberflächlichen Sprachkenntnissen, etwas Geschichte und Geographie, überwiegend zum Auswendiglernen, war fast alles andere Wissen immer noch eine verbotene Frucht. Ich begann mehr und mehr zu verstehen, daß es so war, und versteckte meine *Eulers bref i fysiken* und ähnliches so gut wie möglich, damit niemand außerhalb der Familie Verdacht schöpfte, daß ich es wagte, mich mit so gefährlichen Themen zu befassen. Von meinen Schreibereien ahnte keiner etwas, nicht einmal meine Schwester.

---

[21]   Anna Salmberg, geb. Brinck (1788–1868): Witwe eines Kapitäns, die ein Mädchenpensionat in Turku eröffnete. In diesem Pensionat lernte Fredrika Runeberg ihre langjährige beste Freundin Augusta Lundahl kennen (Anm. d. Übers.).

[22]   Der Brand von Turku (finn. *Turun palo,* schwed. *Åbo brand*) war der größte Stadtbrand in der Geschichte Finnlands. Das Feuer, das am 4. 9. 1827 ausbrach, zerstörte 75% der Stadt. 27 Menschen kamen ums Leben, Hunderte wurden verletzt und ca. 11000 obdachlos. Als Folge des Brandes wuchs die Bedeutung der neuen Hauptstadt Helsinki, in die mehrere Turkuer Institutionen nach der Katastrophe verlegt wurden (Anm. d. Übers.).

Zu dieser Zeit florierten noch die sogenannten Kaffeegesellschaften. Jede Familie wollte zumindest einen „Jahreskaffee" veranstalten – große Gesellschaften, bei denen sich manchmal hunderte Frauen versammelten. In meiner Familie gab es außerdem fast täglich kleinere Kaffee-Einladungen. Meine Mutter und meine Schwester gingen auch manchmal zu Soupés und Tanzveranstaltungen, aber ich saß am liebsten zu Hause. Häßlich und wenig liebenswert, wie ich mir vorkam, fühlte ich mich unter Menschen nicht wohl, und zu Hause konnte ich die Zeit nach Belieben nutzen, die auf jeden Fall für die Arbeit verloren gewesen wären, wenn ich fort gewesen wäre. So gewann ich einige Zeit zum Lesen, Zeichnen und ab und zu auch zum Schreiben.

Nach sieben oder acht Uhr abends, wenn die Kaffeegesellschaften sich für gewöhnlich zerstreuten, durften wir uns mit Lesen amüsieren, ebenso wie sonntags, aber kurz nach neun Uhr abends mußten alle Lichter im Haus gelöscht werden, sofern nicht, was äußerst selten geschah, Gäste zum Souper eingeladen oder die Eltern selbst außer Haus bei Veranstaltungen waren, die sich bis in den Abend hinzogen. Mein Vater hatte Schlafstörungen, deshalb mußte es im ganzen Haus früh still sein. Wir kamen nicht auf die Idee, später wieder Licht zu machen und heimlich zu lesen.

Die Zeit wurde jedoch für mich immer knapper. Ich wurde gezwungen, immer mehr am gesellschaftlichen Leben teilzunehmen, um mich daran zu gewöhnen, unter Leuten zu sein und kein Sonderling zu werden. Nun konnte ich mich auch nicht mehr – was früher oft passiert war, wenn ich mit Mama Besuche gemacht hatte – in die erstbeste Ecke setzen, um ein herumliegendes Buch zu lesen. Ich war ein erwachsenes Mädchen und mußte mir solche Unarten abgewöhnen. Aber meine Mutter und meine Schwester ahnten nicht, daß es mir gerade wegen der Zurechtweisungen, die ich bei der Heimkehr von jeder Gesellschaft für mein Auftreten dort bekam, immer schwerer wurde, auf solchen Veranstaltungen zu erscheinen. Wahrscheinlich waren diese Ermahnungen wohlverdient und ohne jeden Zweifel gut gemeint, aber wenig geeignet, meinen Mut zu stärken. Ich fühlte mich so häßlich, so unwohl in meiner Haut, so vollkommen unzulänglich und fehlerhaft, daß ich glaubte, von niemandem geliebt zu werden. Mit meinen siebzehn oder achtzehn Jahren war ich schwermütig und grüblerisch und hatte nur wenig Freude am Leben.

So begann ich meinen Schulbesuch bei Frau Salmberg. In den Mädchenschulen jener Zeit ging es ganz anders zu als in den heutigen. Jede las ihre eigene Lektion und hatte ihre eigenen Aufgaben. Eine schrieb, eine andere ging nach vorn und meldete, daß sie ihre Lektion aufsagen konnte, um abgefragt zu werden, eine dritte kämpfte mit ihrer Übersetzung usw. Im allgemeinen war der Unterricht in diesen Schulen höchst oberflächlich, bei Frau Salmberg aber etwas gründlicher.

Bald stand ich mit Frau Salmberg auf so gutem Fuß, daß sie für mich nicht mehr nur Lehrerin, sondern auch eine Freundin war. Nach beendetem Schulbesuch, der nur ein Dreivierteljahr gedauert hatte, bot sie mir an, kostenlos drei Nachmittage in der Woche zu ihr zu kommen, um weiter Deutsch und Französisch zu sprechen und zu schreiben und Englisch zu lesen.

Diese ausgezeichnete Lehrerin und Freundin ist mir in warmer, dankbarer Erinnerung geblieben. Ich glaube, daß sie mich besser kannte als irgend jemand sonst, so daß sie das tiefe Bedürfnis nach Liebe spürte, das in mir wohnte.

Als Beweis dafür, wie wenig ich von meinem Aussehen hielt, will ich erwähnen, daß ich über ihr in Wahrheit dürftiges Kompliment, ich müsse mich nicht für häßlich halten „pour faire peur aux gens", glücklich war.

In der Zwischenzeit brach in meiner Seele der klare Tag an. War es mir gelungen, die Freundschaft dieser wunderbaren Frau zu gewinnen, ohne daß Verwandtschaft oder andere von mir selbst unabhängige Verhältnisse sie dazu verpflichteten, dann mußte ich ja doch etwas Liebenswertes an mir haben. Auch die Schulkameradinnen erwiesen mir Freundlichkeit und Zuneigung. Also konnten auch andere Leute mich mögen als diejenigen, die – ich hätte fast gesagt – durch Blutsbande dazu verpflichtet waren. Ich konnte mir also die Freundschaft der Menschen erwerben. Es war, als ob in meinem Inneren die Sonne aufgegangen sei, und ich konnte nun froh sein, obwohl es jetzt ernsthafte Gründe für Kummer gab.

Mein Vater starb. Ein paar Jahre später brannte das Haus meiner Mutter bei der großen Feuersbrunst, die 1827 fast ganz Turku in Schutt und Asche legte, ab. Ich war gezwungen, mir das, was ich an Kleidern oder an Handgeld brauchte, durch Anfertigen und Verkaufen allerlei feiner Arbeiten selbst zu verdienen, was ich aber nie beschwerlich fand. Solche Verkäufe mußten jedoch in größter Heimlichkeit stattfinden, denn gegen Bezahlung zu arbeiten, galt zu jener Zeit als höchst anstößig, ja, als eine echte Schande für ein Mädchen, das zu den sogenannten „besseren Leuten" gehören wollte.

Ich wohnte zu Hause bei meiner Mutter. Bei dem großen Brand rettete ich eigenhändig einen großen Teil unserer beweglichen Habe, darunter auch die wenigen Bücher, die ich besaß, fand es aber nicht der Mühe wert, meine eigenen Papiere hinauszuschaffen, und so nahm die erste Abteilung von dem, was ich geschrieben hatte, ein „strahlendes" Ende.

Schiller war lange mein Lieblingsautor gewesen, Goethe sagte mir weniger zu. 1823 oder 24 bekam Schiller einen ernsten Konkurrenten, der ihn allmählich aus dem Feld schlug. Ich kannte Walter Scott vorher nicht einmal dem Namen nach, man wußte zu jener Zeit auch noch nicht mit Sicherheit, wer der Verfasser der sogenannten *Waverley*-Romane war. Da führte mir das Schicksal *Guy Mannering* in die Hände, den ich mit Begeisterung las, und seitdem ist meine Bewunderung nur noch gewachsen. Ich bin in Scotts Romanen auch so zu Hause, daß ich fast behaupten kann, sie allesamt auswendig zu können, wenn auch nicht wortwörtlich. Die *Frithiofs Saga* las ich bald nach ihrem Erscheinen, aber so großer Ruhm ihr auch vorausgeeilt war, machte sie auf mich keinen besonderen Eindruck. Später wurde aber auch ich von der allgemeinen Tegnér[23]-Manie angesteckt und konnte *Frithiof* fast Vers für Vers auswendig rezitieren, noch lange, nachdem die Euphorie schon abgekühlt war. Auch Jean Paul liebte ich für kurze Zeit sehr, hatte seinen falschen Pathos jedoch bald satt.

---

[23]   Esaias Tegnér (1782 – 1846): Schwedischer Lyriker und lutherischer Bischof (Anm. d. Übers.).

Shakespeare kannte ich fast nur durch Schillers Bearbeitung von *Macbeth* und durch *Hamlet*, den ich im Theater gesehen hatte.[24]

Auch mit Runeberg[25] machte ich zu dieser Zeit Bekanntschaft, und zwar mit ihm als Schriftsteller. Persönlich waren wir schon vorher miteinander bekannt – und verwandt, Cousin und Cousine zweiten Grades. Eines Abends im Haus meines Onkels, als wir – was in unserem Kreis nicht ungewöhnlich war – uns mit Spielen amüsierten, machten wir ein Spiel, bei dem mit einer Karte Urteile gefällt wurden. Der, bei dem die Karte schließlich blieb, war verpflichtet, das Urteil auszuführen. Auch meine frühere Lehrerin, die sogenannte „Schwester Carin", nun verheiratet und wohnhaft in Turku, wurde bei meinem Besuch im Haus meines Onkels durch eine Karte dazu verurteilt, ein Lied an die Sonne vorzutragen. Die Karte begann ihre Wanderung und blieb schließlich im Verlauf des Spiels bei Runeberg, was großen Jubel hervorrief, denn man wußte, daß er Verse zu schreiben pflegte, wenn auch noch keiner von uns etwas davon gesehen hatte. Er unterwarf sich nun dem Urteil und versprach, in der nächsten Ausgabe der *Åbo tidning* den versprochenen Vers zu veröffentlichen.

Das Gedicht erschien in dem Blatt in großer Aufmachung, und meine Freude war außerordentlich. Mit der Zeitung in der Hand lief ich einem guten Freund entgegen, der zu Besuch kam, und platzte in meinem Eifer heraus: „Lies – lies –

---

[24]   An dieser Stelle will ich eine Bemerkung über mein Lesen machen, nämlich, daß ich ungewöhnlich schnell las, sowohl zu jener Zeit als auch später. Das hatte ich mir angewöhnt, weil ich immer wenig Zeit zum Lesen hatte, seit ich erwachsen bin. Als ich eine Zeitlang gezwungen war, still zu liegen, so daß ich nicht einmal nähen konnte, wohl aber lesen, habe ich einen Roman am Vormittag gelesen und am Nachmittag einen anderen, einen von Walter Scott zum Beispiel. Viele glaubten, daß ich auf diese Art nicht wußte, was ich gelesen hatte, aber das war nicht der Fall, ich konnte ja z. B. oft danach für Rbg über den Inhalt des Buches referieren und ihm daraus Stellen vorlesen, die besonders gut oder besonders schlecht waren. Wenn mir ein Buch sehr gefiel, konnte ich es sofort noch einmal lesen. Eines Nachts, als ich darüber wachte, daß Hannes nicht den Verband von seinem kleinen verbrannten Gesicht abriß, las ich fast die ganzen *Geheimnisse von Paris* von Eugène Sue gelesen. Man bewies mir, daß so etwas unmöglich war, und ich legte keinen Wert darauf, zu sagen, daß es sehr wohl der Fall gewesen war. Ich hielt so schnelles Lesen nicht für eine besondere Leistung, aber daß es für mich sehr gut war, ist sicher, da ich immer soviel Arbeit hatte, daß zum Lesen nur wenig Zeit blieb (Anm. d. Verf.).

[25]   Johan Ludvig Runeberg (1804 – 1877) gilt als der Nationaldichter Finnlands. Sein berühmtestes Werk ist *Fänrik Ståls sägner* („Fähnrich Stahl"). Das erste Gedicht daraus, *Vårt land* („Unser Land", finn. „Maamme"), wurde zur Nationalhymne Finnlands (Anm. d. Übers.).

das ist nicht von Franzén[26] und auch nicht von Tegnér, aber man wird sehen, ob er die beiden nicht mit der Zeit übertreffen wird!"

Ein mehrwöchiger Besuch im Sommer 1827 auf dem Pfarrhof von Pargas (der dem Erzbischof gehörte), wo Runeberg Hauslehrer „der Enkelkinder" war, wurde der erste Anlaß zu näherer Bekanntschaft zwischen uns.

Schwester Carolina war nun verheiratet. Obdachlos nach dem Brand, fand meine Mutter ein Zuhause im sogenannten Pargas Malm, einem kleinstadtähnlichen Kirchdorf. Auch mein Onkel und meine Tante verbrachten gegen ihre Gewohnheit mit Kindern und Enkelkindern den Winter auf dem Pfarrhof.

Meine Feder hatte während der letzten Jahre mehr oder weniger geruht. Eine Geschichte aus dem nördlichsten Finnland hatte ich jedoch bearbeitet. Die Hauptfigur ist ein Mädchen, das in der Mittsommernacht nach dem Geist seines Verlobten ruft und verbotenerweise sein Geschenk entgegennimmt. Es besteht aus einem Messer, das dann ihr, ihres Mannes und ihrer Kinder Tod wird. Diese Geschichte, gebührend ausgestattet mit Liebe und Eifersucht u. a., lieferte den Stoff für ein kleines Heft, aufgeteilt in Gesänge, teils in gereimten, teils in ungereimten Versen.

Bei der großen zerstörerischen Feuersbrunst hatte ich alles getan, um die bewegliche Habe meiner Mutter zu retten. Danach sah ich mit Blutblasen unter Finger- und Fußnägeln usw. übel aus, war aber sonst guten Mutes. Nachdem ich mit der treuen Dienerin der Familie, der alten Lisette, unser zukünftiges bescheidenes Zuhause auf dem Land eingerichtet hatte, wurde mir die Zeit bis zu Mamas Rückkehr lang, denn sie hatte Dinge zu erledigen, die sie noch ein paar Tage in der Stadt hielten. Mit Handarbeit wollte man sich nach der großen Zerstörung und dem, was man gerade durchgemacht hatte, nicht beschäftigen, und so fand ich, daß ich mir ohne schlechtes Gewissen Zeit zum Schreiben nehmen konnte. Es wurde eine Geschichte mit dem Titel *Ur tantes dagbok*[27] in der damals üblichen Romanform. Wahrscheinlich trug es den Stempel eines Kinderwerks. Ich verwahrte dieses und andere Stücke lange, die ich später in

---

[26] Frans Michael Franzén (1772 – 1847): Finnlandschwedischer Bischof, Dichter und Schriftsteller (Anm. d. Übers.).

[27] „Aus dem Tagebuch der Tante" (Anm. d. Übers.).

einer unglücklichen Stunde ins Feuer warf, darunter *Auras klagan*[28], ein ausführliches Stück in wechselnden Versformen. Aura beschreibt, wie Ilmarinen, der Beherrscher des Feuers, aus Rachsucht seine dienstbaren Geister, die Flammen, ausschickt, um Auras Heim zu verwüsten. An die Beschreibung von Ilmarinen erinnere ich mich noch:

Und sein Haar, rot wie die Flammen
Umgibt die Stirn, wild wie Wogen
Aus geschmolzenem Metall, um ein niedergebranntes Haus
Noch brennend zwischen Rauch und Asche
Und in seinen Augen, die wild rollen
In tiefen Höhlen, steht zu lesen: „Vergebens
Sind hier Bitten um Hilfe und Trost
Keine Gnade wohnt in der Brust des Feuerkönigs."

Im übrigen gab es noch Feuer und Rauch und Donner und Krach, Auras Klage über das Leid ihrer Kinder, die Beschreibung des Glücks, das sie in ihrer Obhut genossen hatten, schließlich brach es aus ihr heraus: „Aber Aura, Göttin, die du bist, nicht nur eine Frau" und sie überlegte, sich zu „den Freuden der Götter in ihren Saal" zu begeben, besann sich aber darauf, daß sie nicht einmal dort Freude finden würde, solange ihre Kinder litten. Ich glaube, daß sie sich schließlich mit Klagen zum „Allvater" begab, aber wie es dort weiterging, weiß ich nicht mehr. Verstreute Beschreibungen von Szenen beim Brand waren eingeflochten; so der brennende Kirchturm, der wie eine glühende Säule aus den lodernden Flammen und dem Rauch emporragte. Er sagte "mit drei Schlägen der Welt ein dumpfes Lebewohl", bevor er über der Kirche einstürzte, wo die Flammen nun „im säulengetragenen Gewölbe" wüteten, „in dem seit Jahrhunderten nur fromme Gesänge widerhallten". Daß es zumindest um die Gestaltung schlecht bestellt war, sieht man schon an dem Genannten. Es war

---

[28]   „Auras Klage" (Anm. d. Übers.).

vielleicht verständlich, daß es daran mangelte, denn zu dem Zeitpunkt war *Kalevala*[29] noch nicht entdeckt und erst wenige Runen bekannt.

Ein Jahr nach dem Brand zog meine Mutter nach Helsinki, und ich natürlich mit ihr. In Pargas und dem ersten Jahr in Helsinki flossen Verse aus meiner Feder.

Die Zeit war knapp, denn ich mußte wie gesagt das, was ich für meine Toilette brauchte, verdienen, meine Kleider nähen und mich um die übrigen Näharbeiten des Hauses kümmern, auch um die Kleidung meiner drei Brüder.

Viele Gedanken wirbelten zu dieser Zeit durch den zwanzigjährigen Kopf und das Herz. Dunkle Wolken drohten, meine Zukunft und mein Glück zunichtezumachen. Sie lösten sich aber schließlich auf, und ehe ich mich versah, war alles abgemacht. Doch war diese Klarheit in gewisser Hinsicht teuer erkauft. Aber unseren Jugendroman möchte ich hier nicht beichten, daher nichts weiter darüber.[30]

Das Schreiben war mir nun mehr als je zuvor ein Bedürfnis, wenn mein Gemüt unruhig war. Aber dafür Zeit zu finden, war um so schwerer, als ich mich nie in Gegenwart anderer dazu überwinden konnte, aufzuschreiben, was ich mir in meiner Phantasie ausgemalt hatte. Meine häßliche Handschrift hatte jedoch den Vorteil, ungewöhnlich schnell zu sein, und die Verse fügten sich so rasch aneinander, daß ich mit der Niederschrift kaum hinterherkam. So hatte ich in wenigen Tagen nicht mehr und nicht weniger als eine Tragödie in fünf Akten zusammengekritzelt, genannt *Hämndeanden*[31], ohne zu ahnen, daß ein solches Unternehmen gewagter war als jede kleine Novellenschreiberei. Wie dieses Kinderwerk der Zerstörung entgangen ist, weiß ich selbst nicht, aber da es nun seit vierzig Jahren dem Feuer entkommen ist, lohnt es sich gewiß nicht, es jetzt noch zu verbrennen – es wird sich kaum jemand die Mühe machen, es

---

[29] Finnisches Nationalepos (Anm. d. Übers.).
[30] „Ich wußte natürlich, daß Rbg sich in Pargas in dich verlieben würde", sagte Nervander später. Ich wandte ein, daß es dort außer mir noch drei andere junge Mädchen gab, darunter ein recht hübsches, das zum täglichen Umgang gehörte. „O ja", meinte Nervander, „aber Rbg war schon so oft verliebt, daß ich wohl wußte, daß er sich nicht mehr in ein gewöhnliches Mädchen verlieben würde." Komplimente waren zwischen Nervander und mir nicht üblich, und wie immer betrachtete ich nun diese allzu große Höflichkeit nicht als solche, sondern grübelte vielmehr darüber, wie merkwürdig ich wohl sein mochte, wenn ich anders als andere oder „ungewöhnlich" war (Anm. d. Verf.).
[31] „Der Rachegeist" (Anm. d. Übers.).

durchzulesen. Es darf also weiter liegenbleiben, obwohl ich vieles, das besser war, vernichtet habe.

Ich will noch eine andere größere Dichtung erwähnen. In Brahestad traf ich die Schneiderin für Brautkleider, Jungfrau Monjus. Sie war mit einem Mann verheiratet, der sie und ihre Kinder mißhandelte. Zuletzt sah sie sich gezwungen, in ihren Heimatort Oulu zu fliehen, wo sie zurückgezogen von der Arbeit ihrer Hände lebte, bis sie auf Antrag ihres Mannes auf dem Rechtsweg aufgefordert wurde, zu ihm zurückzukehren. Falls sie sich weigerte, würde sie mit einer Kutsche der Krone abgeholt werden.

Ein paar Tage später stand ihre Kammertür offen. Die drei Kinder, ermordet durch die Hand der Mutter, lagen gewaschen und in saubere Hemden gekleidet nebeneinander auf dem Bett, zugedeckt mit einem frischen Laken. Neben ihnen saß seelenruhig die Mutter. Sie hatte ihre Kinder vor dem Elend bewahrt, das sie erwartet hätte, und war nun willens, für sie in den Tod zu gehen.

Diese Geschichte ergriff mich tief, vielleicht um so mehr, als ich die Mörderin gesehen hatte. Ich schrieb nun ein recht langes Stück darüber, in gereimten Jamben, glaube ich, *Barnamörderskan*[32]. Es endete mit der Schilderung ihres Aufenthalts im Gefängnis, hin- und hergerissen zwischen fanatischer Freude und Verzweiflung.

Seit die obengenannte Wolke sich zerstreut hatte und ich mich mit Rbg verlobt hatte, empfand ich fast eine Scheu, Verse zu schreiben, und schrieb dann kein größeres Werk. Ein begonnenes Trauerspiel, *Flemmingarne*[33], ließ ich unvollendet. Ich hatte nun einsehen gelernt, daß das mein Vermögen überstieg. Die eine oder andere kleine Erzählung schrieb ich jedoch, zum Beispiel *Moster fasters flickor*[34], ein dürftiges Stück, das zu meinem Ärger durch einen Zufall über dreißig Jahre später im *Dagbladet* gedruckt wurde, ebenso wie *Resan med korgen*[35], das zu dem Zeitpunkt auch schon völlig veraltet war.

---

[32] „Die Kindsmörderin" (Anm. d. Übers.).
[33] „Die Flemings" (Anm. d. Übers.).
[34] „Die Mädchen der Tante" (Anm. d. Übers.).
[35] „Die Reise mit dem Korb" (Anm. d. Übers.).

Zu häuslichen Arbeiten hatte ich nur selten Gelegenheit. Der kleine bescheidene Haushalt, bewohnt von meiner Mutter und mir, wurde mehr als gut von der treuen Dienerin Lisette geführt, und meine Zeit war ausgefüllt mit Näharbeiten für die Familie, die Brüder und mich selbst, und den Arbeiten, mit denen ich mir die Mittel für meine Garderobe verdiente.

Ich war also ziemlich unerfahren im Haushalt und im Kochen, als ich heiratete. Unsere erste Dienerin war ein ungebildetes Bauernmädchen. Ich muß zugeben, daß ich mir Sorgen machte, ob ich zurechtkommen würde. Doch bald fand ich heraus, daß es wirklich kein ganzes Menschenleben dauert, kochen zu lernen, obwohl das damals noch behauptet wurde, vor allem, wenn man die Gewohnheit hatte, in Gedanken woanders zu sein. Vom ersten Tag an war ich die Lehrerin des Bauernmädchens und binnen kurzem völlig in die Geheimnisse der Küche eingeweiht, als sie selbst immer noch das gleiche unkundige Mädchen war, das angeleitet und auf jedem Schritt geführt werden mußte. Dabei hätte nach den – vor allem zu jener Zeit – geltenden Ansichten das Mädchen mir nach Meinung aller vernünftigen Leute weit überlegen sein müssen, denn es war frei von der Ansteckung der Buchgelehrsamkeit, während ich las und mich sogar mit etwas so Verderblichem wie Schreiben abgab.

Ich wage daher, bei meinem Glauben zu bleiben, daß man, wenn man nur denken gelernt hat, auch schnell genug kochen lernen kann – sogar dann, wenn man nicht von allem anderen Wissen abgeschottet wurde, nur um eine richtige Kochliese zu werden. Ja, wenn ich die Gelegenheit gehabt hätte, mir Wissen etwas solideren Art anzueignen als die bruchstückhafte Bildung, die ich mir zusammengerafft hatte, so bin ich völlig überzeugt, daß der Unterschied zwischen meinem Haushalts- und Küchenwissen und dem des Bauernmädchens noch größer gewesen wäre.

Bald mußte ich auch einen großen Haushalt führen. Runeberg nahm sechs Jungen in Vollpension auf, und zur gleichen Zeit wurde unser erstes Kind[36]

---

[36]   Das erste Kind der Runebergs war die Tochter Anna Carolina (1832 – 1833), die mit einem Jahr starb. Den Tod ihrer einzigen Tochter verwanden die Runebergs nie. Weitere Kinder waren die Söhne Ludvig Mikael (1835 – 1902), Lorenzo (1836 – 1919), Walter Magnus (1838 – 1920), Johan Wilhelm

geboren. Eine von Runebergs Schwestern zog zu uns und bald noch eine.[37] Viele verschiedene Ansichten mußten nun vereinbart und einander oft widersprechende Ansprüche befriedigt werden. Die Einkünfte waren sehr knapp, und dazu kam noch Ärger mit Dienstboten – teils waren es ihre Krankheiten, teils ihre moralische Schlechtigkeit, die unsere Geduld auf die Probe stellten. Vor lauter Schüchternheit und Unreife war ich den jungen Herren Pensionären gegenüber befangen, was sie wahrscheinlich daran hinderte, sich zu Hause zu fühlen und zu mehr Krach führte, als wenn ich den Mut gehabt hätte, sie als Familienmitglieder zu betrachten.[38]

Aber all das wurde in den Schatten gestellt durch das kultivierte Leben. Eine Atmosphäre von Intelligenz umgab mich hier.

Die Freude und das Glück, in Runebergs Seele hineinzusehen und alles mit ihm zu teilen, gehört allzu sehr zu den Geheimnissen meines Inneren, als daß ich auch nur versuchen wollte, es in Worte zu fassen. Aber von dem Leben um uns herum will ich versuchen, einen Begriff zu geben.

Schon vor unserer Heirat hatten sich einige junge Männer aus Runebergs engsten Umkreis zu einer Gesellschaft zusammengeschlossen, die einmal in der Woche abends bei einem der Mitglieder zusammenkam. Einen Namen oder Regeln bekam diese Gesellschaft nie. Einmal wurde sie die „Dienstags-", dann wieder die „Freitagsgesellschaft" genannt, je nachdem, an welchem Tag man sich traf. Nachdem wir geheiratet hatten, bildete sich außerdem in unserem Umfeld ein gemeinsamer Kreis von Damen und Herren. Letztere gehörten alle

---

(1843 – 1918), Jakob Robert (1846 – 1919), Edvard Moritz (1848 – 1851) und Fredrik Karl Runeberg (1850 – 1884) (Anm. d. Übers.).

[37] Gemeint sind Runebergs Schwestern Ulrika Carolina und Maria Mathilda Runeberg (Anm. d. Übers.).

[38] Als dies geschrieben wurde, habe ich geflissentlich unterlassen, ein Unbehagen zu erwähnen, das mich sehr niederdrückte, nämlich die ständigen Versuche, mich Runeberg in einem schlechten Licht zu präsentieren. Da es nicht gelang, zwischen uns Zwietracht zu säen, versuchte man, mich wenigstens anderen Menschen als das schlimmste Wesen im Rock zu schildern. Fremde Personen erzählten mir verwundert, wie ich ihnen beschrieben worden war, und sagten, daß sie später bei der Bekanntschaft mit mir das Porträt nicht zutreffend fanden. Da ich nun jedoch – viele Jahre später – immer noch oder schon wieder ähnliche Schilderungen höre, dachte ich, ich müßte auch hier etwas von diesem unangenehmen, und ich wage zu sagen, unverdienten Rufmord erwähnen zu müssen, der vermutlich meinen Namen vor Leuten erniedrigt hat, die mich nur aus diesen Verleumdungen kennen und die sich darüber empörten, daß Runeberg eine solche Frau abbekommen hat wie die, als die man mich beschrieben hat (Anm. d. Verf.).

zur eben genannten Gesellschaft – junge Männer, von denen mehrere danach zu den herausragendsten Persönlichkeiten unseres Landes wurden.

Wir waren oft zusammen, und wenn sich die Herren versammelten, trafen sich für gewöhnlich auch die Damen bei der Frau, einer Schwester oder der Mutter des jeweiligen Gastgebers. Die Themen, die die Herren eifrig diskutierten, wurden uns Frauen mitgeteilt, und wir nahmen sie auf unsere Art auseinander. Unsere Gedanken über die Sache teilten wir wiederum den Herren mit. An den Abenden, an denen die Gesellschaft nicht zusammenkam, versammelte sich doch oft ein größerer oder kleinerer Teil von unserem Kreis, der oft „Kronhagen" genannt wurde, weil die Mitglieder in Kronhagen[39] wohnten. Dann war die Gesellschaft nie nach Herren und Damen getrennt. Die Unterhaltung war immer im höchst lebhaft, auch wenn es Themen betraf, zu denen wir Frauen nichts sagen konnten, weil wir keine Berechtigung gehabt hatten, uns das nötige Wissen darüber zu erwerben, und daher nur als stille Zuhörerinnen dasaßen. Aber die Herren fanden nicht, daß sie uns die herablassende Höflichkeit schuldeten, sich auf unser Niveau zu begeben, und so verlief das Gespräch immer sehr angeregt und interessant und umfaßte alle Themen, von den gehobensten und geistreichsten bis zu den unterhaltsamsten und lustigsten.

Einen Umgangston wie in diesem Kreis habe ich anderswo nie finden können. Immer brannte dort ein Feuer, manchmal leuchtender, manchmal wärmender, manchmal auch knisternder Art – aber immer Feuer. Ein Feuerwerk an Geist und Gewandtheit, an Ernst und den wichtigsten Fragen des Lebens, an Disputen, die so hitzig waren, daß zufällig anwesende Fremde glaubten, die Sprecher seien drauf und dran, aufeinander loszugehen, die dann aber meistens in neuen Einfällen und Gelächter mündeten, *nie* in Unzufriedenheit oder Unfreundlichkeit.

Der *Tag* verging unter emsiger Arbeit, aber abends kamen meistens Gäste. Oft genug begaben wir uns auch zu meiner Mutter oder zu meiner Schwester, bei denen sich für gewöhnlich einige andere vom „Kronhagen" einfanden. Bald war man wieder an Leib und Seele erfrischt und ging am nächsten Morgen wieder mit

---

[39]   Gemeint ist der Helsinkier Stadtteil Kruununhaka, der auf schwedisch Kronohagen heißt (Anm. d. Übers.).

neuem Mut und Kräften an all die kleinen, von vielen für einfach gehaltenen Tätigkeiten, die der Hausmutter eines bescheidenen Heimes obliegen.

Meine Zeit war auf diese Art reichlich ausgefüllt, aber ich konnte immer noch eine Weile für das Schreiben abzweigen – z. B. Sonntagnachmittage oder Abende, an denen alle anderen Hausbewohner schliefen und ich dasaß und darauf wartete, daß Rbg von einer Versammlung usw. zurückkam. Den größten Teil der Schreibzeit verwandte ich nun darauf, Rbg beim Redigieren des *Morgonbladets* zu entlasten, nach Artikeln in ausländischen Zeitschriften und Büchern zu jagen, sie zu übersetzen usw. Zu manch einer Ausgabe des *Morgonbladet* habe ich mehr beigetragen als Runeberg. Um die Spalten zu füllen, verwendeten wir auch einige meiner Werke in Versform und Prosa, ohne Signatur, nur als „Einsendungen" bezeichnet. Ich hatte das Vergnügen, das eine oder andere in schwedischen Blättern abgedruckt zu sehen – und zu hören, wie manches Gute über diese kleinen Sachen gesagt wurde, von denen keiner ahnte, daß sie aus meiner Feder geflossen waren. *Den unga nunnan*[40], *De båda resande*[41] und *Den gamla mamselln*[42] stammen aus dieser Zeit.

1837 zogen wir nach Porvoo. Ich war fremd im Ort, kannte hier nur eine kleine altersschwache Frau und fühlte mich sehr einsam, weil ich gewohnt war, Angehörige und einen geselligen Freundeskreis um mich zu haben. Zu Hause machten mir jedoch meine beiden ältesten Söhne viel Freude und verschafften mir Abwechslung.

Allmählich hatte ich auch gemerkt, welch schlechten Ruf jede Beschäftigung mit Buch oder Feder für eine Frau hatte. Noch damals galt jeder Augenblick, der zum Lesen genutzt wurde, fast als Diebstahl aus der Börse des Mannes, ganz zu schweigen von einem Moment, der zum Schreiben genutzt wurde. Oft verzichtete ich auf ein Vergnügen, das von meinesgleichen besucht wurde, um für den Eintrittspreis ein Paar Strümpfe stricken zu lassen.

Die Zeit, die ich gebraucht hätte, um die Strümpfe selber zu stricken, nutzte ich zum Lesen oder Schreiben und beruhigte so mein Gewissen, da ich ja nun keine

---

40 „Die junge Nonne" (Anm. d. Übers.).
41 „Die beiden Reisenden" (Anm. d. Übers.).
42 „Die alte Mamsell" (Anm. d. Übers.).

Zeit verschwendete. Und so hörte ich mit einer gewissen Ruhe zu, wenn andere Frauen sehr salbungsvoll vorbrachten, daß man natürlich nicht lesen dürfe, sondern verpflichtet sei, all seine Zeit dem Haushalt und den Kindern zu widmen (und dem Vergnügen und Besuchen und Toiletten und vielleicht ein paar Kartenspielen usw. usw., fügte ich im stillen hinzu). Und ausgerechnet diese Damen, die über mich entgeistert die Hände über dem Kopf zusammengeschlagen hätten, wenn sie etwas von meiner Beschäftigung mit der Feder in stillen Stunden geahnt hätten, waren doch diejenigen, die am häufigsten Schnittmuster und Hilfe beim Zuschneiden von Kinderkleidung und Rat in Haushalts- und Essensangelegenheiten von mir erbaten.

Es stimmt, daß weder das Geld noch unsere Ansichten es zuließen, die Kinder elegant zu kleiden, weshalb die Erhaltung ihrer Kleider nicht viel Arbeit hätte machen sollen. Aber da sie andererseits völlige Freiheit hatten, nach Lust und Laune herumzulaufen und mit Steinen und Erde oder Schnee und Eis zu spielen, erforderten die bescheidenen Kleider doch, ohne daß öfter neue genäht werden mußten, ständiges Flicken und Wenden und Ausklopfen. All das kostete Zeit, da ich alle Kinderkleidung selbst nähte, sowohl Winter- als auch Sommersachen – und als sie schon Studenten waren, zumindest noch Sommerkleidung und Westen.[43]

Auch der Unterricht unserer Söhne nahm viel Zeit in Anspruch. Mit Ausnahme von Lorenzo lehrte ich alle die Grundlagen der Bildung, Walter unterrichtete ich sogar so lange, bis er an der höheren Elementeschule aufgenommen wurde. Seit die Kinder in die Schule gingen, brauchten sie Hilfe bei den Hausaufgaben, und ich mußte mich erst selbst mit den für mich völlig fremden Themen, in denen ich sie anleiten sollte, vertraut machen. Ein bißchen Geometrie, eine Art Orientierung in lateinischer Grammatik, eine kurze Vorbereitung, um ihnen helfen zu können, Snellman zu übersetzen usw. Auch nachdem die Jungen schon herangewachsen waren, unterrichtete ich sie in modernen Sprachen.

---

[43] Bei den jüngsten Kindern mußte jedoch der Schneider schon während der Gymnasiastenzeit betraut werden, die Kräfte ließen nach, und Mamas Arbeit taugte nicht mehr zu anständiger Kleidung (Anm. d. Verf.).

Fleißig und emsig sollte ich sein, um die Zeit dazu zu bringen, daß sie reichte, und – „seines Fleißes darf sich ja ein jedermann rühmen"[44] – das war ich auch wirklich, manchmal mehr, als die Kräfte zulassen wollten.

Gastfreundlich und gern besucht von vielen, wie Runeberg war, wurde unser Haus ein Sammelplatz für zahlreiche Gäste, und manchmal vergingen viele Wochen nacheinander, in denen wir jeden Tag mehrere Gäste hatten, die oft genug bis zum Morgengrauen blieben, ja, bis in den nächsten Tag hinein. Die Gesellschaften bestanden meistens aus Herren, und ich sah wenig von ihnen. Es war nicht wie früher in „Kronhagen", aber diese täglichen größeren und kleineren improvisierten Veranstaltungen kosteten doch Zeit. Nicht selten hatten wir auch weibliche Gäste, und dann sollte ich mich natürlich sehen lassen und als Wirtin agieren, auch wenn der Besuch oft einzig und allein Rbg galt.

Immer seltener ging ich in die Welt hinaus. Mein Bedürfnis nach Gesellschaftsleben wurde ganz erfüllt vom Umgang zu Hause, und wenn wir eines Abends ausnahmsweise keine Gäste hatten, fand ich diese ungewohnte Stille angenehm.

Die ersten Jahre in Porvoo schrieb ich *Den galnas dotter*[45], einen ziemlich weitschweifigen Roman in zwei Teilen. Dieses Werk enthielt einige meiner Herzblätter, darunter die Erzählung einer Pfarrerswitwe über ihre langjährige Jugendliebe, schließliche Heirat und den bald darauf eintretenden Tod des Mannes. Sie erzählte die meiste Zeit von prosaischen kleinen Dingen des Lebens, von Armut und Bedrückung, und die Erzählerin schien kaum selbst zu merken, daß die Liebe die Grundlage ihrer Geschichte war. Das Wort erwähnte sie nicht, aber unter all dieser Einfalt schimmerte eine Liebe hindurch, die mir diese Erzählung ans Herz wachsen ließ. Die Persönlichkeit des Irren interessierte mich sehr. Die Geschichte eines kleinen Mädchens lag mir auch am Herzen. Diesen Roman warf ich ins Feuer, ohne ihn vorher durchzulesen. So klug war ich bei einem anderen kleinen Stück nicht: *Lunda frun*[46]. Es fiel mir

---

[44] Im Original steht dieser Satz (Zitat von Gotthold Ephraim Lessing) auf Deutsch; Fredrika Runebergs Schreibung („fleisses") habe ich korrigiert (Anm. d. Ü.).
[45] „Die Tochter des Verrückten" (Anm. d. Übers.).
[46] „Die Frau Lunda" (Anm. d. Übers.).

immer schwerer, etwas zu zerstören, das ich gerade durchgelesen hatte, und so kam es, daß *Lunda frun* auch nicht ins Feuer wanderte, wo sie aber wohl noch landen wird, wenn mich wieder der Brenneifer überkommt.[47]

Prestkragarne[48], dreißig Jahre später im *Dagbladet* gedruckt, und diverse andere Kleinigkeiten in Versform und Prosa erschuf ich zu jener Zeit.

Mir fällt gerade die oft wiederholte Äußerung ein, die Verfasserschaft einer Frau sei nichts als Unsinn. Dagegen könnte man vielleicht einwenden, daß es unter der alles in allem so geringen Anzahl weiblicher Verfasser, die es zusammengerechnet bisher gab, die möglicherweise, ungeachtet aller für sie ungünstigen Umstände, doch eine genauso große Prozentzahl wertgeschätzter Verfasserinnen gibt wie unter den Millionen männlicher Autoren, die ihre Erzeugnisse in die Welt hinausgehen lassen. Wirklich bemerkenswert, daß das der Fall sein kann.[49] Aber was mich selbst und die Masse der schreibenden Frauen betrifft, sehe ich sehr wohl die Wahrheit der eben genannten Behauptung. Ein Luftschiff braucht Ballast, wenn es nicht steuerlos vom Wind hin- und hergetrieben werden soll, und wo sollten wir Frauen *den* bekommen haben, wir, denen – jedenfalls bisher – jede solidere Bildung verweigert wurde? Wäre ich ein Junge gewesen, hätte man meinen brennenden Wissensdurst verstanden. Man hätte mir die Möglichkeit gegeben, Kenntnisse zu erwerben und den Grundstein für eine solide Bildung zu legen, für ein fundiertes Wissen. Aber bei Mädchen war das eine ganz andere Sache; für sie mußte die Bildung ein Buch mit sieben Siegeln bleiben. Glücklicher als die meisten meiner Gleichaltrigen, durfte ich doch wenigstens die Krümel an Wissen sammeln, die

---

[47] Später hizugefügt: Nun flackert *Lunda frun* lustig vor sich hin! Gute Nacht, *Lunda frun*! In dir gab es auch viele Stellen, die ich gut fand. Du mußtest in die Flammen geworfen werden in einem Augenblick, als es ging wie beim Einmachen von Rharbarber, ohne einen Gedanken an die Sache. O pfui, ich glaube, eine Träne ist am Aufsteigen, es braucht kein Wasser, um das Feuer zu löschen, sieh, da liegt ja schon die Lunda frun, ein Haufen Asche! (Anm. d. Verf.).

[48] „Die Pfarrerskragen" (Anm. d. Übers.).

[49] Da sich in den letzten Jahrzehnten soviele Frauen der Schriftstellerei gewidmet haben, muß ich nicht mitgezählt werden, weil mittlerweile den Frauen das Recht zugestanden wird, zu schreiben, wenn auch bitterer Hohn jeden weniger gelungenen Versuch trifft, der, von einem Mann geschrieben, nicht einmal erwähnt werden würde. So haben sich tausende, die nach einer Beschäftigung für Herz und Seele suchten, auf diesen einzigen Weg gestürzt, der ihnen offenstand, nicht zu reden von denen, die sich davon einen reicheren Verdienst erhofften, als Nähen und Strümpfestricken bieten konnten (Anm. d. Übers.).

ich aus dem Abschaum der Literatur herausfiltern konnte, der für gewöhnlich verworfen wurde, aber in dem doch immer – wie im Schaum der Grütze – ein kleines Körnchen nährenden Stoffes steckt.

Ja, ich war besser dran als die meistens anderen Frauen jener Zeit, denn mir wurde die Tür zum Lustgarten des Wissens nicht ganz verschlossen. Ich wagte ab und zu, mich hineinzuschleichen, froh, mir dort wenigstens eine kleine Ernte an Stöckern und Stroh zusammensuchen zu dürfen, weil Blumen und Früchte zu hoch saßen, um ohne Hilfe heranzukommen. Was ich auf diese Weise lernte, blieb die Morgendämmerung einer allgemeinen Übersicht über alles mögliche, chaotisch und ohne feste Anhaltspunkte. In einem Examen hätte ich schlecht dagestanden, vielleicht mit Ausnahme von Sprachkenntnissen. Es heißt ja noch in unseren Tagen, daß die wahre Frauenbildung so sein sollte. Noch vor kurzem wurde über Schulexamen geäußert, daß so etwas schädlich für Mädchen sei, aber nützlich für Jungen, die ihren Lehrstoff beherrschen müßten. Mädchen müssen ihren also nicht beherrschen. Auf einem so wackligen Fundament wird auch schlechte Verfasserschaft gebaut.

Eine andere Sache ist, daß man für gewöhnlich glaubt, der Frau sei von der Natur die Anlage dazu verweigert worden. Mit der gleichen Begründung müßte man dann sagen, daß die Natur einer gewissen Klasse von Männern – z. B. solchen, die in Läden arbeiteten – , die Anlage zum Schriftsteller versagt habe. Oft wären wohl die literarischen Produkte eines solchen Mannes von nur wenig mehr Wert als die der gewöhnlichen Frauen, und der Grund ist derselbe: Mangel an gründlicher Bildung unter einem Schein der äußeren, wenn auch mißlungenen „facon". Seltsamerweise sind jedoch Amerikas, Schwedens und – nach meiner und der Meinung vieler anderer auch – Frankreichs beste Romanverfasser Frauen: Beecher-Stowe, F. Bremer[50] und George Sand.

Was mich betrifft, so war mir das Schreiben ein unwiderstehliches Bedürfnis, ein Trost bei Kummer, ein Ventil, wenn mein Inneres von Gedanken und Gefühlen überquoll. Ich muß schreiben, auch wenn es nie jemand lesen wird. Doch ich

---

[50]   Fredrika Bremer (1801 – 1865): Schwedische Schriftstellerin und Frauenrechtlerin (Anm. d. Übers.).

achtete darauf, nicht extravagant zu werden und brav in der Spur der anderen Romanverfasser der Zeit zu bleiben – und nicht so „unweiblich" zu sein, einen eigenen Gedanken auszusprechen. Daß sich so etwas für eine Frau nicht schickt, hatte ich nur zu oft gelesen und gehört. Aber die gleiche Ware auf den Markt zu bringen wie tausende andere, das konnte doch nicht so übermäßig und unverzeihlich kühn sein, dachte ich. Doch es kam eine Zeit, in der ich mich zutiefst unglücklich fühlte, und da konnte ich nicht darauf achten, wo die Konvention ihre Schranken gesetzt hatte. Als ich nun Trost im Dichten suchen wollte, mußte auch dessen Quelle in meinem Inneren sprudeln, wenn der Strahl mir Abkühlung verschaffen sollte.

Da schrieb ich *Simrith*. Als Rbg später dieses kurze Werk und das noch kürzere *En dröm*[51] las, sah ich, daß er sich sehr freute. Er sah mich strahlend an und sagte: „Das ist ausgezeichnet, du mußt es an *Joukahainen* schicken!" (Es war die Rede vom ersten Heft, es kam aber noch nicht heraus. Rbg nahm an, daß das Wort „Ostbottnier" sowohl Männer als auch Frauen bezeichnete.) Das war einer der glücklichsten Momente, die meine Feder mir geschenkt hat.

Berndtson[52] wollte diese Werke für den Kalender *Necken*, und als ich sie mir darin vor mir sah, war es an einem Abend in meiner kleinen Kammer im unteren Stock, wo ich mit den Kindern wohnte und wo ich Küche und Haushalt hatte. Im oberen Stockwerk befanden sich der Salon, die Stube und Runebergs zwei Zimmer. Bei ihm waren an diesem Abend, wie an den meisten Abenden, einige Herren versammelt. Er kam herunter, um etwas für seine Gäste zu bestellen, und ich reichte ihm nun das Buch. Da war wieder ein Ausdruck auf seinem Gesicht zu sehen, an dem man lange Freude haben konnte. Er nahm das Buch, verlangte lachend eine Extraservierung zur Feier meiner Arbeit und ging zu den Herren hinauf. Man hörte, daß es dort oben bis tief in die Nacht lustig zuging, und auch ich saß froh da und wiegte mein Kind – Hannes, wenn ich mich richtig erinnere.

---

51   "Ein Traum" (Anm. d. Übers.).
52   Fredrik Berndtson (1820–1881): Redakteur des literarischen Kalenders *Necken* (Anm. d. Übers.).

Jetzt war die Zeit meines Erfolges. Schon bevor *Necken* herauskam, hörte ich von einem ausgezeichneten Werk, das ein *„junges Mädchen"* – man wußte den Namen nicht – eingereicht hatte. Holsti[53], der das Buch rezensierte, sagte: „Um es geradeheraus zu sagen, ist *Simrith* das beste Stück im Kalender." Und zu diesem Kalender hatten doch mit Ausnahme von Rbg alle unsere besten Autoren beigetragen. Lob und Anerkennung wurden mir aus vielen Richtungen zuteil.

Im nächsten Jahr bat Berndtson sehr höflich um einen Beitrag zu einem neuen *Necken*. *Glasöra*[54], das ich einreichte, schien mir im allgemeinen nicht so sehr einzuschlagen wie die Beiträge des vorigen Jahres, aber Palmblad[55] (wenn ich mich richtig erinnere, war es in der Zeitschrift *Frey*) spendete dem Stück viel Lob und empfahl „dem jungen Verfasser", seine Feder dem Humoristischen zu widmen. Es amüsierte mich, eine nun nicht mehr ganz junge Frau, für einen jungen Mann angesehen zu werden[56]. Ich hatte im Laufe der Zeit eine Menge von diesen meinen kleinen Stücken geschrieben, die Rbg „Märchenparabeln" nannte. Er hatte sie gelesen und gelobt und bei jedem neuen Stück gesagt: „Sorge nun dafür, daß das bald gedruckt wird." Aus vielen Richtungen sowohl in Schweden als auch in Finnland wollte man von mir Beiträge zu Kalendern und Sammlungen, aber immer gab es irgendeinen Einwand: Einmal war der Redakteur noch ein Jüngling ohne Namen, dann wieder wußte man nicht, welche anderen Leute Beiträge liefern würden usw., und so kam ich nie wieder dazu, einen Beitrag zu leisten.

Bald kamen die Zweifel wieder. *Fru Cathrina Boije*[57] hatte, als ich es Rbg vorlas, von ihm so großes Lob bekommen, daß es vermessen wäre, seine Worte zu

---

53   R. I. Holsti (1815–1852): Schriftsteller (Anm. d. Übers.).
54   „Das Glasohr" (Anm. d. Übers.).
55   V. F. Palmblad (1788–1852): Schwedischer Schriftsteller und Literaturkritiker (Anm. d. Übers.).
56   Aber damals bedachte ich nicht, daß ich wahrscheinlich einen großen Teil der freundlichen Beurteilung dem Umstand zu verdanken hatte, daß Palmblad glaubte, das Werk sei von einem Mann geschrieben worden, und so beurteilte er es unter ganz anderen Gesichtspunkten, als wenn er gewußt hätte, daß es von einer Frau stammte. Keine vornehme Zurückhaltung, keine herablassende Höflichkeit kam in Frage, sondern nur der Wert des Stückes an sich. Dies ist nicht mit besonderer Berücksichtigung von Palmblad gesagt, aber wahrscheinlich konnte er sich nicht mehr von seinen Vorurteilen freimachen als andere Männer (Anm. d. Verf.).
57   *Fru Catharina Boije och hennes döttrar*: Historischer Roman von Fredrika Runeberg, erschienen 1858. Der schwedische Originaltext ist bisher nicht online abrufbar; eine finnische Übersetzung findet sich im Project Gutenberg (http://www.gutenberg.org/ebooks/18624). Deutsche Übersetzung: *Frau Catharina*

wiederholen. Es blieb dann fünfzehn Jahre liegen, bevor es gedruckt wurde. *Salik Sardar Khans fru*[58] blieb fünf Jahre liegen, bevor auch nur Rbg es las. Meine Schwester warnte mich davor, noch mehr drucken zu lassen, denn ich hatte ja nun „gezeigt, daß ich schreiben konnte" und brauchte mich nicht weiter damit zu befassen. Schließlich begann ich zu glauben, daß Runeberg meine schriftstellerische Tätigkeit mißfiel, und beschloß, damit aufzuhören.

Jahrelang blieb ich meinem Vorsatz treu. Trotzdem konnte ich es nicht lassen, mir etwas auszudenken, aber was ich am Herd, an der Wiege oder beim Nähen zusammenphantasierte, schrieb ich nicht auf. Es wurde also mit der Zeit vergessen, verwelkte und starb. Schließlich merkte Runeberg, daß es mir mit meinem Entschluß wirklich ernst war, und nun redete er mir gut zu. Er sagte, daß ich ihm „Kummer" machte mit meinem Vorsatz, mit dem Schreiben aufzuhören, und forderte mich auf, wieder anzufangen.

Erleichtert schüttelte ich den Zwang ab, den ich mir durch ein Mißverständnis auferlegt hatte, und gab in freien Momenten wieder meiner Sehnsucht nach, zu dichten. Aber Zweifel und Zögern kamen doch wieder. Das Protestgeschrei gegen das Recht der Frau, etwas zu produzieren, hatte sich bei mir festgebissen und mich unsicher gemacht. Zuletzt wollte ich jede Erinnerung daran, daß ich mich jemals am Schreiben versucht hatte, auslöschen. Ich hatte schon mit dem Zerstörungswerk begonnen, als Runeberg hereinkam. Als er sah, was ich vorhatte, sagte er ernst und vorwurfsvoll: "Soll das eine geistige Selbstzerstörung werden?" So wurden die Kinder meiner Feder vor totaler Vernichtung gerettet.

Es wurde mir jedoch mit der Zeit langweilig, mit mir selbst zu reden, wie man es manchmal sehr alte Leute tun hört. Wenn man ausspricht, was einen wirklich interessiert, wünscht man sich natürlich, daß jemand hört, was man sagt. Auch wurde ich von dem Wunsch ergriffen, zu wissen, ob das, was ich geschrieben hatte, wirklich einen Wert hatte. In gewisser Weise glaubte ich daran, weil Rbg so sehr gefiel, was meine Feder aufgezeichnet hatte, aber in anderen

---

Boije und ihre Töchter, Barnstorf 2009 (Anm. d. Übers.).
[58] „Salik Sardar Khans Frau" (Anm. d. Übers.).

Augenblicken schien mir wieder alles wertlos, und ich hätte alles vernichtet, wenn nicht Runebergs eben genannte ernste Worte mich zurückgehalten hätten. Ich begann mich vor mir selber zu schämen, meine ganze Zeit mit etwas verbracht zu haben, das vielleicht lauter Schund war. Ich fühlte mich zu alt, um noch von Illusionen getäuscht zu werden und Schatten nachzulaufen. Ich wollte mich nicht damit aufhalten, möglicherweise Dummheiten zusammenzureimen, ja, ich mußte zugeben, daß ich zu eigensinnig war, auch nur *Mittelmäßigkeiten* produzieren zu wollen, falls ich nicht imstande wäre, etwas Besseres zu schreiben. Snellman hatte zu jener Zeit mit Strenge die Peitsche der Kritik geschwungen, nun gut, möge er alle eitlen Illusionen totschlagen! Ich bat ihn, meine kleinen Werke durchzulesen, meine Märchen, wie ich sie nannte. Sein Urteil fiel weit rühmlicher aus, als ich zu hoffen gewagt hatte, und außerdem bot er mir an, meine Werke in das *Litteraturbladet* aufzunehmen. „Wieviele Abonnenten das *Litteraturbladet* nun bekommen wird", sagte er zu Schwester Carolina, als ich versprochen hatte, daß er meine Arbeiten veröffentlichen dürfe.

Snellmans Vorwort, das er meinen Werken voranstellte, war so lobend, daß es weit über das hinausging, was ich gehofft hatte. Der Titel *Teckningar och Drömmar*[59] war Snellmans Idee, und diesen Namen habe ich seitdem für diese meine „Märchenparabeln" beibehalten. Hier und da erschienen nun in den Zeitungen gute Worte über meine kleinen Werke. Professor Törnegren[60], für gewöhnlich sehr streng in seiner Kritik, äußerte in einer Schrift namens „Auch eine Zeichnung und ein Traum"[61]: "Welch ein Silberklang! Ich empfinde diese

---

[59]   *Teckningar och Drömmar* ("Zeichnungen und Träume") erschien erstmals 1861 im Verlag Theodor Söderholm unter dem Pseudonym a-g. Es beinhaltet die Texte *Aikyn, Simrith, Manala Jungfrun, En Dröm, Salik Sardar Khans maka, En saga om Vreden, Liljekonvaljen, Qvinna på Tongatabu, Oleandern, Strålbarnen, Rankvexten, Myggdansen, Miriam, Tre som flyttade till Sverige, Rosen, Indianens qvinna, Elas frågor, Lilla Isgumman, Hvad skall den gamla?, Det skönaste smycket, Allt hur man tar det, Kuhinanuis dotter, Puppan, Vid insjöns strand, Fläktarnes lek, Danserskan, Glasörat, De vackraste händerna, Suomiqvinnan på Saimaudden, Blommornas nytta, Harpspelerskans Dotter, Facetter af qvinnans lif, Jasminen, De vackra orden, Den opp- och nedvända verlden, Aminas dröm, Missionären, Kamtschadalens hustru, Odalisken* und *Hildred* und ist online über das Project Gutenberg abrufbar (schwedisches Original (http://www.gutenberg.org/ebooks/27875) und finnische Übersetzung (http://www.gutenberg.org/ebooks/15987)). Eine deutsche Übersetzung liegt bisher nicht vor (Anm. d. Übers.).
[60]   C. V. Törnegren (1817–1860): Professor für Philosophie (Anm. d. Übers.).
[61]   *Litteraturbladet* 1857 (Anm. d. Verf.).

33

Zeichnungen und Träume als luftig wie den Morgenhimmel und lieblich wie den Hauch des Sommerwindes, der die Waldblumen streift."

Auch in schwedischen Blättern wurden diese Werke lobend erwähnt. Die Menge an Schmeicheleien, die ich in einigen Briefen geerntet habe, verdient es nicht, erwähnt zu werden. So ein Schneematsch kann nur für den Augenblick gut schmecken, ist aber nichts, auf das man sich verlassen kann.

Auch für *Fru Catharina*, die nun endlich gedruckt wurde, wurde wohlwollend aufgenommen, und nachdem die erste Auflage fast ausverkauft war, kam ein Angebot aus Schweden von Bonnier für eine zweite, recht große Auflage. Gegen die Person von Johan Bruce gab es Einwände. Ich fand nicht, daß er seinem Vaterland untreu gewesen war, falls man das nicht jedem Beamten vorwerfen muß, der in seinem Vaterland einen Dienst versieht, während es von einem fremden Eroberer beherrscht wird. Ich wollte ihn als Gegenstück zu den Männern des Landes darstellen, die Amt und Vaterland verließen, um sich um sich selbst zu kümmern und hinüber nach Schweden zu fliehen. Aber es ging ihm, wie es fast jedem geht, der zu feinfühlig ist, um sich in einer schiefen Stellung zurechtzufinden. Er klagt sich selber an und wird dafür vom Leser verurteilt. Hätte ich ihn sich selbst preisen lassen, so hätte man ihn als ausgezeichneten Vaterlandsfreund betrachtet – man muß aber zugeben, daß die Kritiken recht nachsichtig waren.

Das bringt mich auf etwas, das ich manchmal erlebt habe. Wenn ich die konventionellen Ansichten einer bestimmten Zeit darstellte, die manchmal sogar noch die unserer Zeit sein könnten, ließ ich sie bei einer Figur deutlich hervortreten, um ihre Verwerflichkeit anzuprangern. Dann glaubten einige, ich würde genau diese Ansichten befürworten – so z. B. auch ein dänischer Kritiker von *Sigrid Liljeholm*[62], Doktor C. Rosenberg[63], der besagtes Buch recht wohlwollend aufnahm. Außerdem wirft er mir vor, ich hätte am Ende Enewald Fincke entschuldigen wollen, ausgerechnet da, als ich der Meinung war, seinen Egoismus besonders herausgestellt zu haben. Enevald glaubt, edel gehandelt zu

---

[62]   *Sigrid Liljeholm*: Historischer Roman von Fredrika Runeberg, erschienen 1862. Deutsche Übersetzung: *Sigrid Liljeholm*, Bremen 2011 (Anm. d. Übers.).

[63]   Carl Rosenberg (1829–1885): Dänischer Schriftsteller und Kritiker (Anm. d. Übers.).

haben, und hält Sigrid vor, wie seine Ehre durch eine Heirat mit ihr befleckt worden wäre, die ein kleines bißchen von den Regeln der äußeren Konvention abgewichen ist, um ihren Vater zu retten – und er findet es ganz natürlich, daß er selbst während der gleichen Zeit ein Leben geführt hat, über das man vor Frauenohren nicht einmal sprechen kann. Dadurch sah er seine *Ehre* nicht befleckt, und es scheint auch niemand sonst den Eindruck gehabt zu haben, daß die Verfasserin Enewald *entschuldigen* wollte – ich hatte genau das Gegenteil beabsichtigt.

Seltsamerweise ist sogar Runeberg etwas Ähnliches passiert, und ich erwähne es hier, obwohl es nicht zur Sache gehört, da ich nur die Geschichte *meiner* Feder aufzeichnen will. Der eine oder andere hat nämlich die gastronomische Beschreibung von Sandels'[64] Frühstück im Dorf Pardala kritisiert. Man hat nicht begriffen, daß dies ein Zug ist, der Sandels charakterisiert. Kurz bevor Runeberg das Werk schrieb, hatten wir eine Anekdote über Sandels allzu große Schwäche für gutes Essen gelesen oder gehört, ich erinnere mich nicht, was von beidem es war. Rbg ärgerte sich über Sandels, der daher einen kleinen Seitenhieb bekommen mußte. Als Rbg die erwähnten Verse über das Frühstück geschrieben hatte, zeigte er sie mir und sagte lachend: „Siehst du, das bekommt Sandels dafür, daß er ein Gourmet ist!" Doch dann hieß es: "Himmel, wie der Runeberg gutes Essen liebt!", und man verstand den Seitenhieb nicht.

Aber ich komme auf *Fru C. Boije* zurück. Da ich allen Grund hatte, zufrieden mit der Aufnahme des Buches zu sein, faßte ich endlich Mut, *Teckningar och drömmar* in Buchform herauszugeben. Ich war unsicher, was ich ausschließen und was ich in die Sammlung aufnehmen sollte und fragte Runeberg. „Nimm alles ohne Ausnahme auf", antwortete er, womit er meinte, daß nichts ausgeschlossen werden sollte. Natürlich befolgte ich seinen Rat.

---

[64]   Graf Johan August Sandels (1764 – 1831): Schwedischer Offizier und Politiker, bekannt für seine Liebe zu Bier und gutem Essen (Anm. d. Übers.).

Das Buch wurde in den Zeitungen höchst günstig beurteilt. Auch Topelius[65] schrieb in den Zeitungen von Helsinki viele Kolumnen darüber und gab sehr gute Noten, mißverstand aber die Bedeutung von einigen Werken. So war es z. B. überhaupt nicht meine Absicht, in *Missionären*[66] die schöne Liebe einer Mutter darzustellen – im Gegenteil, der Grundgedanke war, daß nicht einmal die Liebe und die Aufopferung einer Mutter die Lüge heiligen können. Aber Topelius meinte, in den Werken einen Ton wahrzunehmen, der sie alle durchzog, daraus dürfte das Mißverständnis der Stücke, die nicht in den Ton paßten, entstanden sein.

Nun schien mir alles gut. Man hatte nicht nur wohlwollend die Kinder meiner Feder aufgenommen, man hatte sogar erklärt, sie hätten eine Existenzberechtigung, weil sie etwas Eigentümliches besaßen. Runeberg hatte schon bei meinen ersten *Teckningar och drömmar* mir gegenüber lebhaft geäußert: "Das ist ein Zukunftsroman! In diese Richtung wird der Roman gehen!" Er hatte mir auch vorgeschlagen, *Fru C. Boije* ganz und gar im gleichen Stil wie *Malms Tagebuch* umzuarbeiten. Das wagte ich jedoch nicht, obwohl mich der Gedanke lockte, und ich hatte ein ganz klares Bild davon, wie ich durch Briefe und Dokumente dafür sorgen konnte, daß die Zeit sich selbst abbildete. (Bei Wilkie Collins[67] habe ich später in seiner weißgekleideten Frau eine ähnliche Methode gefunden). Etwas ausführlicher gestaltete ich jedoch Malms Tagebuch, indem ich einiges darin aufnahm, das vorher seinen Platz außerhalb gehabt hatte.

Runeberg fand, daß das Buch dadurch gewonnen hatte, aber ein Rezensent tadelte gerade diesen Teil des Tagebuchs, weil es Themen berührte, die weniger dorthin gehörten als vielmehr in die allgemeine Erzählung. Seltsamerweise betrafen die wenigen kritischen Anmerkungen, die gegen diese beiden Bücher gemacht wurden, meistens genau die Änderungen, die ich auf Runebergs Rat

---

[65] Zach(a)ri(a)s Topelius (1818 – 1898): Finnlandschwedischer Schriftsteller, Dichter, Journalist, Historiker und Rektor der Universität Helsinki. Er war ein Schüler Johan Ludvig Runebergs. Am populärsten wurde er durch seine Novellen und Kinderbücher (Anm. d. Ü.).

[66] „Der Missionar" (Anm. d. Übers.).

[67] William "Wilkie" Collins (1824 – 1889): Englischer Schriftsteller. Mit der "weißgekleideten Frau" meint Fredrika Runeberg seinen Roman *The Woman in White* (1860) (Anm. d. Übers.).

hin vorgenommen hatte. Dazu sollte ich jedoch auch erwähnen, daß Rbg in meinen Schriften nur sehr wenige Änderungen vornahm und auch nie größere als das Austauschen des einen oder anderen Wortes. Selbst hatte ich ihn auch immer gebeten, das, was er minderwertig fand, zu *verwerfen*, nicht zu *verbessern*. Mit fremden Federn schmücken wollte ich mich nie. Nur in dem kleinen Stück *Strålbarnen*[68] kommt eine bedeutendere Änderung vor, nämlich die Worte „Sie hielten das Erdenleben für ein Gefängnisdasein", hinzugefügt von Rbg.

Mit seinem obengenannten Ausdruck, dies sei „der Zukunftsroman", meinte Rbg natürlich nicht, daß eine so unbedeutende Feder wie die meine den Impuls zu einer neuen Art von Roman geben könne, sondern nur, daß eine Zeit kommen würde, in der Romanautoren danach streben würden, die Zeit und die Personen, die sie darstellen wollte, sich sozusagen selbst zeichnen zu lassen, nicht durch die Beschreibungen des Verfassers, sondern indem man soweit wie möglich gewissermaßen die Luft wiedergab, die die Figuren atmeten. In unseren Gesprächen pflegten wir diese Methode „Kostüm" zu nennen.

Wahrscheinlich wird sich der jetzt moderne Roman nicht allzu lange halten, wenn er auch den *historischen* wie auch zum großen Teil den *„Abenteuerroman"* verdrängt hat. Der jetzt moderne Roman wird oft „Charakterroman" genannt, zu Unrecht, wie ich finde, denn zumindest Walter Scott schildert in seinen historischen Romanen Charaktere klarer und besser als heutige Autoren mit ihren langen Beschreibungen.

Man glaubt ja, kaum sagen zu können, daß eine Person knickste, ohne ausführlich zu beschreiben, welche Muskeln dafür in Bewegung gesetzt werden müssen, aber ungeachtet all dieser Zerlegung oder richtiger Vivisektion bekommt man von der Sache an sich keinen klareren Begriff als durch die einfachen Worte: Sie knickste. Diese Verschwendung von Worten scheint mir ziemlich überflüssig. Den einzigen, wenn auch zweideutigen Vorteil sehe ich in der Leichtigkeit, auf diese Weise Volumen zu füllen.

---

[68]   „Die Strahlenkinder" (Anm. d. Übers.).

In der heutigen Zeit ist es besonders häufig, daß man soviele Worte gebraucht, um die Seele auseinanderzunehmen, aber diese Methode gab es schon während meiner Lebensmitte, wenn sie auch damals mehr auf *äußere* Dinge und Verhältnisse angewandt wurde, als es jetzt der Fall ist.[69]

Daß ich nicht versuche, einem Weg zu folgen, den ich nicht schätze, ist nur natürlich. Mir scheint es verlockender, die Menschen mehr durch ihre Worte und Taten zu charakterisieren als durch die Beschreibung ihrer Gedanke und Wünsche. Darum versuchte ich immer, mitten in die Handlung einzutauchen. Am deutlichsten sieht man das in *Teckningar och Drömmar*. Ich schlage nun irgend etwas auf, um es als Beispiel zu nehmen; zufällig ist es *Kamtschadalens hustru*[70]. Nun hätte ich eigentlich nach geltender Sitte außerhalb der Dinge stehen, beschreiben und erklären müssen, warum auf Kamtschatka der Besitz eines Holzhauses ein Beweis für Reichtum war. Einen Tanz beschreiben, bei dem ein Bär nachgeahmt wird. Genau den Raum beschreiben, in dem die Leute tanzen, und hervorheben, was charakteristisch für diesen Raum ist und worin er sich von unseren Tanzsälen unterscheidet. So müßte man auch die Fleischverteilung beschreiben. Die Kosaken, ihr Auftreten gegenüber den Eingeborenen und der Grund für ihren Wunsch, den Bären Rache an ihnen nehmen zu lassen, gäbe ja genug Stoff für sowohl politische als auch andere Überlegungen. So auch der Vergleich zwischen der Liebe des Wilden und der des Zivilisierten – mit allen erforderlichen Aufklärungen über Sitten und Bräuche und einer Beschreibung aller seelischen Schwankungen, die die Figuren der Erzählung erleben, worauf sie achten usw. usw.

Wie interessant und erhellend könnten doch diese und tausend andere Sachen gestaltet werden, aber statt dessen schien mir all das ganz unnötig, denn wenn ich sozusagen mit der Tür ins Haus falle und meine Figuren den Bärentanz

---

[69]   Heutzutage scheint es fast, als würden viele Verfasser – so wie es beim Aufsatzschreiben in der Schule geschieht – sich ein Thema wählen, über das sie schreiben, und wenn man dann mehr oder weniger im Einklang mit einer sogenannten *virtus* das ausgeführt hat, so hat man sein Buch fertig. Aber inwieweit die allergeringste „Atmosphäre" oder „Kostüm", bezeichnend für die Zeit oder die Leute, die man schildert, darin vorkommt, kümmert nur wenig, und man darf z. B. von jedem ungebildeten Bauern eine Sprache hören, die am Katheder eingelernt zu sein scheint (Anm. d. Verf.).

[70]   „Die Frau des Kamtschadalen" (Anm. d. Übers.).

tanzen lasse oder sie darum wetteifern lasse, die bloße Haut des auserkorenen Mädchens berühren zu dürfen oder um der Braut zu dienen oder ähnliches, so scheint mir, daß jeder sich die Dinge genauso gut vorstellen kann, als wenn ich sie beschreiben würde. Diese gezielten Hinweise kommen mir vor, als hielte man den Leser für ein zahnloses Kind und würde das Essen für ihn vorkauen.[71]

Sollte ein *herausragender* Verfasser die Dinge vom gleichen Standpunkt aus sehen, dann könnten sich Rbgs Worte vom Zukunftsroman bewahrheiten. Und dann hätte man das Gefühl, ein Volk sein natürliches Leben führen zu sehen, jeder in seiner Atmosphäre und nach seiner Sitte und Art. Ein kleines dramatisches Spielwerk habe ich nicht erwähnt, da es lange vor dieser Zeit geschrieben worden war. Es stellte sich die Frage, ob man es beim Theater einreichen sollte, aber dazu kam es nie. Rbg hielt es für gut, hat es auch später einmal lobend erwähnt und mir kaum glauben wollen, daß es jetzt veraltet sei. Die Pensionsanstalten, die darin gegeißelt werden, sind zum Glück nicht mehr üblich. Nachdem nun zwei Arbeiten von mir so beifällig aufgenommen wurden, fühlte ich mich endlich sicher, mich nicht mit törichtem Unverstand auf ein Gebiet gedrängt zu haben, für das ich keine Begabung habe.

Ich hätte nun gern einen Gedanken realisiert, den ich lange mit mir herumgetragen hatte. Ich hatte nämlich oft davon geträumt, eine Reihe Bilder zu erschaffen, von denen mehrere schon in das herausgegebene Heft *Teckningar och Drömmar* eingegangen sind. Ich wollte eine Zeichnung vom Leben der Frau anfertigen, ihre sozialen Verhältnisse und ihre Stellung zu Hause bei vielen Völkern in älteren und neueren Zeiten schildern und so eine Art „Geschichte der Frau" schreiben – aber nichts, das dem glich, das unter dem Namen des Engländers Fullom herausgegeben wurde.[72] Mir schien nämlich, daß die Geschichte der Frau, wenigstens so, wie sie sich bisher gestaltet, keineswegs aus dem aktiven, sondern vollkommen aus passivem Blickwinkel gezeichnet werden sollte. Der Gedanke an ein solches Unterfangen war kühn, doch es war

---

[71] Vielleicht habe ich unrecht gehabt, es mag so sein, aber so habe ich die Sache gesehen und kann nicht anders, als Worte zu lieben – Worte – Worte! (Anm. d. Verf.).

[72] *The History of Woman And her Connexion with Religion, Civilization, and Domestic Manners, from the earliest period* (1855) von Stephen Fullom (†1872) (Anm. d. Übers.).

nicht nur das Bewußtsein des eigenen Unvermögens, das mich davon abhielt. Dazu trugen mehrere andere Ursachen bei: Zeitmangel, das Fehlen von Quellen, die für mich als Frau schwer zugänglich waren, aber vor allem fürchtete ich, daß diese Schilderungen eintönig werden würden. Gesetze und Sitten, die gemeinsam die Frau unterdrückten, das war das, was man überall und bei allen Völkern antraf. Es mußte also in all diesen Zeichnungen vom Leben der Frau vorkommen, sofern sie wahrheitsgetreu sein sollten.

Man hat gesagt, daß ich die männlichen Figuren in den schwärzesten Farben gezeichnet habe, das ist nicht der Fall. Die meisten Männer, die in meinen Geschichten vorkommen, gehören zu den besseren ihrer Zeit, sind aber den Ansichten ihrer Zeit nicht allzu weit voraus. Der berühmte Amerikaner Boone[73], gefangen bei den Indianern, wurde von ihnen beschimpft und sogar bedroht, als er seiner indianischen Ehefrau die Arbeiten ersparte, die ihre Kräfte überstiegen, und er mißhandelte sie auch nicht. Darin sahen sie überhaupt kein Verdienst, sondern im Gegenteil einen unverzeihlichen Fehler. Und dennoch habe ich sogar den stolzen Bären „seine Frau mehr als seinesgleichen denn als seine Frau behandeln" lassen. Hätte ich wohl das Bild wahrhaftig wiedergegeben, wenn ich ihn nicht einmal die bei seinem Volk ungewöhnliche Milde hätte ausüben lassen?

Es war ein eigenartiges Gefühl, frei zu sein von den Grübeleien und dem Zweifel, die mein ganzes Leben durchzogen hatten, aber dieses Gefühl war von kurzer Dauer. Eine Zeit der Trauer hatte in mir wieder in das Bedürfnis geweckt, Trost im Gedicht zu suchen. Mir war nicht danach, etwas Neues zu erfinden, und ich kramte etwas aus den Tiefen meiner Erinnerung hervor, das ich lange mit mir herumgetragen hatte, aber dann verworfen und vergessen hatte, nämlich die Flemings[74].

Ich fügte die verstreuten und verblichenen Bilder zusammen, so gut es ging, und schrieb die Erzählung nieder, die ich einfach *Sigrid Liljeholm* nannte, statt des

---

[73] Daniel Boone (1734–1820): US-amerikanischer Pionier und Jäger (Anm. d. Übers.).

[74] Die Flemings sind ein schwedisches Adelsgeschlecht, das in der Politik des 16. Jahrhunderts eine große Rolle spielte. Claes Eriksson Fleming, der den schwedischen König Sigismund III. gegen dessen Neffen Karl unterstützte, ist eine der Hauptfiguren in *Sigrid Liljeholm* (Anm. d. Übers.).

eigentlich vorgesehen Titels *Konungens trogna*[75], der besser gewesen wäre und der Erzählung einen roten Faden gegeben hätte, aber weniger anspruchslos erschien. Dem Setzer gefiel es, das Wort „Roman" hinzuzufügen. Davon wußte ich nichts, bis das Buch gedruckt und zu einem Teil verbreitet war, so daß ich, ungeachtet meiner Forderung, das fatale Wort nicht verbannen konnte. Außerdem wurde das Buch von der Druckerei mit einer Menge Druckfehler verschandelt – z. B. ließ man statt einer Wendeltreppe eine Dachbodentreppe zu Herzog Carls[76] Zimmer führen und ähnliches. Außerdem befand man es in der Druckerei für gut, die Sätze hier und da zu „verbessern", nicht zu meiner Zufriedenheit. Ich war bei der Herausgabe dieses Buches recht gelassen, da die Kritiker die beiden vorangehenden so schonend behandelt hatten. In den dänischen und schwedischen Zeitungen, die ich zu Gesicht bekam, fielen die Urteile auch so gut aus wie erhofft – aber *Helsingfors Dagblad* stürzte sich mit einer Rezension der Art, zu der man sich nur einer Frau gegenüber berechtigt fühlt, auf das Buch. Doch muß ich dankbar erwähnen, daß darin nicht erwähnt wurde, wie häßlich oder schön die Verfasserin war, was doch eigentlich dazugehört. Unter anderem erfuhr man, daß ich *Cygnæus*[77] imitiert (um nicht das vielleicht richtigere Wort „plagiiert" zu verwenden) hatte!!! Darin muß ich eine große Beleidigung sehen, denn wenn ich geneigt wäre, zu stehlen, würde ich vermutlich einen Verfasser als Vorbild wählen, von dem ich mehr halte als von Cygnæus. Außerdem hieß es, daß ich alles mögliche habe ausdrücken wollen, von dem ich auf Ehre und Gewissen versichern kann, daß ich es *nicht* ausdrücken wollte; daß ich Sigrid nicht mit Enewald verheiratet habe, um nicht Forsius'[78] Prophezeiung zu widerlegen.

Zufällig verhält es sich so, daß Forsius' ganze Wahrsagerei mit allem, was dazugehört, mir erst einfiel, als das Buch fast fertig war – sogar der Schluß war

---

[75]   „Die Getreuen des Königs" (Anm. d. Übers.).

[76]   Herzog Carl (1550 – 1611): 1604 – 1611 König Karl IX. von Schweden, nachdem er seinen Neffen Sigmund III. hatte absetzen lassen. Der Konflikt zwischen ihm und Sigmund bildet den historischen Hintergrund von *Sigrid Liljeholm*; die Charaktere Sigrid Liljeholm und Enevald Fincke sind jedoch fiktiv (Anm. d. Übers.).

[77]   Fredrik Cygnæus (1807 – 1881): Finnlandschwedischer Dichter. Der Plagiatsvorwurf gegen Fredrika Runeberg bezog sich auf Cygnæus' Theaterstück *Clas Flemings tider* (1851) (Anm. d. Übers.).

[78]   Aron(us) Sigfrid(us) Forsius (1569 – 1624): Finnischer Astronom und Priester (Anm. d. Übers.).

schon geschrieben, aber dann fügte ich das eine oder andere hinzu, um die Wahrsagerei einzuflechten, die mir in den Sinn gekommen war. Mit welcher Einstellung hat auch der das Buch gelesen, der glauben konnte, daß es meine Absicht gewesen wäre, Sigrid einem Mann wie Enewald zu opfern? Daß ich einen Verräter, Daniel Hjort[79], nicht zu einer großartigen, sondern zu einer kleinen Persönlichkeit gemacht habe, einer Nebenfigur übrigens, wurde vermutlich deshalb kritisiert, weil Cygnæus und Wexell[80] ihn als Helden ihrer Tragödien verwendet haben. Im Vertrauen auf den Realitätsbezug ihrer Trauerspiele wurde er als derjenige bezeichnet, der die Aufgabe des Schlosses bewirkte, wofür ich wiederum in den zahlreichen historischen Quellen über diese Zeit, zu denen ich Zugang hatte, keine Bestätigung finden konnte. Ich fand nur heraus, daß er einer der größten Verräter gewesen war. Wie auch immer – das Buch wurde gründlich verrissen, und von da an merkte ich, daß das bißchen literarische Ansehen, das ich zuvor möglicherweise besessen hatte, vergangen war wie ein Windhauch.[81]

In der Zwischenzeit hatte ich *Riddarens gemål*[82] geschrieben, das nach seiner Art zu *Teckningar och drömmar* und der angedachten Serie über die Geschichte der Frau gehörte. Dieses Stück fand ich selber gut. Runeberg war sehr zufrieden damit, aber nun mußte es wieder in der grauen Papiertüte verschwinden, aus der es wohl, wenn es erst einmal noch ein paar Jahre gealtert ist, seinen Weg in die Flammen nimmt. Viele kleinere *Teckningar och Drömmar,* die zum Teil nach Rbgs Erkrankung entstanden sind, wird wahrscheinlich das gleiche Schicksal ereilen. Mir scheint, daß sie genauso gut waren wie die herausgegeben. Aber –

---

[79]   Daniel Hjort (†1615): Marschall der Familie Fleming (Anm. d. Übers.).

[80]   Josef Julius Wecksell (1838 – 1907): Finnlandschwedischer Dichter und Dramatiker, der als einer der begabtesten Dichter der Romantik gilt, obwohl er nur zwei Werke hinterließ (ab seinem 24. Lebensjahr litt er an einer Geisteskrankheit). Fredrika Runeberg bezieht sich hier auf Wecksells Schauspiel *Daniel Hjort* von 1863 (Anm. d. Übers.).

[81]   Dazu trug vielleicht auch bei, daß mein Verleger – möglicherweise wegen eigener wichtigerer leidiger Angelegenheiten – nur wenig tat, um meine Bücher zu vertreiben – und an mehreren anderen Mißgriffen seinerseits. Das Wort „Roman" auf dem Titelblatt und die Druckfehler habe ich schon erwähnt. Dazu kamen die zu hohen Auflagen von *Sigrid Liljeholm* – 14 zu jeweils 1500 Stück, wenn ich mich richtig erinnere – und keine entsprechende Sorge für den Verkauf. Über ein Jahr verging, bis in Stockholm ein paar Exemplare verkauft wurden. Die Folge war ein geringer Absatz und ein Lager voller unverkaufter Exemplare (Anm. d. Verf.).

[82]   „Die Gemahlin des Ritters" (Anm. d. Übers.).

sie sollen brennen. Ich hätte es längst getan, wären da nicht Runebergs Worte gewesen: „Soll das eine geistige Selbstzerstörung sein?"

Das Ende ist nah[83], ich bin zweiundsechzig Jahre alt und werde heimgehen, ohne zu erfahren, was von dem, das ich gedichtet, gedacht, geträumt und geliebt habe, lauter „Schund" ist und ob ich nie jemandem hätte zeigen sollen, was ich, von einer unwiderstehlichen Neigung getrieben, niedergeschrieben habe.

Daß Runeberg das, was ich geschrieben habe, gut fand, muß ich glauben. Es wäre doch eine Beleidigung für seine Wahrheitsliebe, wenn ich daran zweifeln würde – er pflegte mir im allgemeinen nicht zu schmeicheln, warum sollte er ausgerechnet in dieser Frage von seinen Gewohnheiten abgewichen sein? Mir fallen gerade jetzt zwei Äußerungen von ihm ein. Einmal, als ich meinte, daß es für mich schwer sein würde, den Vergleich mit ihm zu bestehen, weil er Meister sei, antwortete er: „Na, na, die werden sicher sehen, daß auch der Geselle etwas taugt." Ein anderes Mal, als er vorhatte, ein zu wertvolles Stück in einem Kalender abzudrucken – ich glaube, es ging um *Sven Dufva*[84] – , da antwortete er: „Ich muß doch aufpassen, daß ich nicht von deinem Beitrag überflügelt werde."

Die meisten meiner Werke habe ich mir ausgedacht und oft erst dann niedergeschrieben, wenn Krankheit mich ans Bett gefesselt hatte und ich nicht einmal nähen konnte. So ist z. B. der größere Teil von *Fru C. Boije* entstanden.

Vieles wurde beim Nähen, an der Wiege oder am Küchenherd erdacht und an einem Sonntagabend hastig niedergeschrieben, wenn Runeberg außer Haus war und die anderen Hausbewohner schliefen oder bei ähnlichen Gelegenheiten. Ein Mann schreibt, wann er will und wenn ihm danach ist, eine Frau – jedenfalls eine, die Kinder und Haushalt zu versorgen hat – , wenn sie darf und Zeit hat, froh und dankbar, sich eine solche Freude stehlen zu können.

Ich muß jedoch zugeben, daß ich oft merkte, wie die Farben der Schmetterlingsflügel verblichen, bevor die Zeit es zuließ, sie auf Papier

---

[83] Fredrika Runeberg starb am 27. Mai 1879 mit 71 Jahren (Anm. d. Übers.).
[84] Erschienen im ersten Teil von Runebergs *Fänrik Ståls sägner* (1848) (Anm. d. Übers.).

festzuhalten. Oft mußte auch der Umfang des Stückes gekürzt werden, je nachdem, wieviel Zeit ich für seine Niederschrift aufwenden konnte.

Aber wenn das Herz in der Brust schwoll, wenn der Puls gewaltsam schlug, dann legte sich immer der Sturm in meiner Seele, sobald es mir möglich war, Zuflucht bei den Traumbildern des Gedichts zu suchen, wenn es auch lange dauerte, bis die Zeit es erlaubte, die oft schon verblichenen Bilder aufzuzeichnen.

Noch im letzten Jahr habe ich eine detaillierte, ausführliche Erzählung fertiggestellt – eine Schilderung von Turku und dem dortigen Leben um 1812. Vor dem Hintergrund der großen Weltgeschehnisse voller Blut und Tränen sieht man einen Vordergrund fröhlicherer Art, das alte Turku mit seinen vielen kleinen Eigenheiten, Zar Alexanders Treffen mit Kronprinz Carl Johan[85] und schließlich die Personen der Erzählung, von denen einige in einer helleren Tonart gehalten sind, andere dagegen – so die Hauptfiguren selbst und deren Schicksal – in dunklerer Schattierung. Viele schwere Stunden und viele schlaflose Nächte wurden durch dieses Interesse erträglich. Jetzt vergesse ich allmählich auch diese Erzählung, zu Papier bringen werde ich sie wohl nie. Nur ein paar Notizen, um mir die Punkte, die ich behandeln wollte, zu merken, hatte ich gemacht. Das eine oder andere Ereignis – teils komischer, teils ernster Natur – beim Fürstentreffen wollte ich festhalten, darunter das Erscheinen der Hühner auf den für die Fürsten reservierten Plätzen im Theater = Schlachthausdachboden.

Nun gut, die Geschichte meiner Feder ist ein Traum gewesen, der mir den einen oder anderen Moment der Bitterkeit beschert hat, aber viel öfter Trost und wirkliche Freude. Selbst jetzt in meinem stillen, dunklen, von Menschen abgeschnittenen Leben wäre es noch gut für mich, manchmal mit der Feder zu spielen, aber ich bin müde – die Phantasie ist ermattet! Warum sollte ich auch schreiben, wenn ich das Geschriebene dann doch vernichte?

---

[85]   Gemeint ist ein Treffen zwischen dem russischen Zaren Alexander I (1777 – 1825) und dem späteren schwedischen König Karl XIV. Johann (1763 – 1844) in Turku 1812, bei dem vereinbart wurde, daß Schweden Finnland an Rußland abtreten mußte und als Ausgleich dafür Norwegen erobern durfte. Finnland wurde russisches Großfürstentum mit weitgehender Autonomie. Der Verlust Finnlands war ein schwerer Schlag für Schweden, jedoch auch der Beginn der bis heute andauernden Friedenszeit. (Anm. d. Übers.).

Und auch die Gedanken sind müde in den wenigen Stunden, in denen ich nicht bei Runeberg bin. Von morgens um neun bis viertel vor zehn Uhr abends lese ich ihm vor, mit Ausnahme der Zeit, wenn er seine Mittagsruhe hält. Ich bin ja doch glücklich, mich immer noch nützlich zu fühlen, immer noch etwas sein zu können für denjenigen, für den ich alles sein will. Habe ich das Recht, noch mehr zu verlangen? Und doch ist der Grund für dieses Glück ja gerade mein großer, bitterer Kummer, der Kummer darüber, daß Runeberg hilflos ist und mich braucht.[86] So wächst oft eine Blume aus der Asche verbrannten Glücks.

Schließlich habe ich ja auch reichlich Freude, so tief sich auch der Schatten über unser Zuhause gesenkt hat: Gott segne euch dafür, all meine lieben Kinder: Ludvig, Lorenzo, Walter, Hannes, Robert und Fredrik, und meine lieben Töchter, Hanna[87] und Lina[88]. Reiche Freude habt ihr mir geschenkt. Habt Dank!

Fünf Jahre sind vergangen, seit ich das Obenstehende über meine Feder geschrieben habe. Vieles hat sich seither geändert. Meine Augen lassen mich im Stich. Ich ahnte schon vor einigen Jahren, daß das wahrscheinlich passieren würde, hoffte aber, daß meine Sehkraft reichen würde, solange ich Runeberg vorlesen muß. Es war nicht so. Eigentlich dürfte ich meine Augen nun gar nicht mehr anstrengen, aber ich kann auf ihren Gebrauch nicht ganz verzichten, erst recht nicht, da in meinem stillen einsamen Leben und meiner Taubheit die Zeit so lang ist.

Ich habe in diesen letzten drei Jahren kein Buch *gelesen*, nur möglicherweise hier und da die Tageszeitungen ein wenig beäugt. Den Briefwechsel mit meinen Kindern führe ich, soweit es die Augen zulassen, denn auf diese Freude kann ich nur schwer verzichten. Selten – aber doch manchmal – lese ich Rbg ein bißchen aus einer Zeitung vor, und ebenso selten schreibe ich eine Erinnerung in meinen "Aufzeichnungen" nieder.

---

[86]   Runeberg war seit einem Schlaganfall 1863 ans Bett gefesselt (Anm. d. Übers.).
[87]   Hanna Runeberg, geb. Öhman (1840 – 1929): Ehefrau von Fredrika Runebergs Sohn Ludvig Mikael (Anm. d. Übers.).
[88]   Lina Runeberg, geb. Elfving (1841 – 1916): Ehefrau von Fredrika Runebergs Sohn Walter Magnus (Anm. d. Übers.).

Alle andere Schriftstellerei hat in den letzten Jahren fast gänzlich geruht, doch letztes Jahr habe ich eine Erzählung geschrieben – *Det förlorade qvittenset*[89], meistens mit geschlossenen Augen. Trotzdem gelang es meiner freundlichen Schreiberin, die fast unleserliche Schrift zu dechiffrieren. Außerdem habe ich ein paar kleine Verse geschrieben. Rbg und meinen Kindern, die sie lasen, gefielen die Geschichten, aber als dann jemand einen Einwand machte und mich vor möglicherweise unfreundlichen Beurteilungen erschreckte, blieben sie ungedruckt.

Ein Teil meiner früheren kleinen Werke hat mittlerweile Eingang ins *Familjejournalen* gefunden, und E. v. Qvanten[90] bot mir ein gutes Honorar dafür. Auch das eine oder andere später geschriebene Stück erscheint manchmal darin. In letzter Zeit habe ich öfter als früher die lyrische Form genutzt, um meine Gedanken in Worte zu fassen. Das liegt vor allem daran, daß ein Vers den Gedanken länger beschäftigt, verglichen mit der Zeit, die bei seiner Niederschrift vergeht, als wenn man in Prosa schreibt, und gerade die Niederschrift ist in meinen Augen das Schwere. Die Beschäftigung der Gedanken ist das Ziel, aber ich wage mich nun auch leichter an die Versform heran, da wohl nur wenig von dem, was ich jetzt schreibe, zu meinen Lebzeiten gedruckt werden wird. Es war eine große Freude für mich, daß Runeberg mit lebhaftem Interesse Notiz von meinen Versen genommen hat und mich begeistert aufgefordert hat, sie drucken zu lassen. Wenn mir jemand sagen sollte, daß er sich geirrt hat, als er positive Urteile darüber fällte, muß ich erwidern, daß mir sein Interesse auf jeden Fall eine Freude ist.

Wieder sind Jahre vergangen, seit das Obenstehende geschrieben wurde. Ich stehe nun im siebzigsten Lebensjahr. Die letzten Jahre waren ruhiger und glücklicher als viele der vorangegangenen. Runeberg geht es besser, meine Augen haben sich zumindest nicht verschlechtert, aber mein Gehör hat immer mehr nachgelassen. Mein Leben war nicht völlig einsam. Wenn ich Runeberg

---

[89] „Die verlorene Quittung" (Anm. d. Übers.).

[90] Emil von Qvanten (1827 – 1903): Finnlandschwedischer Dichter und Publizist (Anm. d. Übers.).

nun ab und zu allein lassen kann, weil er jetzt selbst ohne Probleme lesen kann, dann besucht mich manchmal irgendein Bekannter. Unsere Söhne und ihre Frauen und Kinder halten sich oft im Haus auf, besonders im Sommer. Letztes Jahr habe ich mehrere Stücke geschrieben, davon einige in Prosa für den *Folkvännen*, aber die meisten in Versform. Es ist erstaunlich, daß ich mich nicht mehr scheue, Verse zu schreiben, wie ich es in all den früheren Jahren getan habe, seit Runeberg begann, sich einen Namen zu machen. Es kam mir vor, als ob ich mich vordrängen und mich neben ihn stellen wollte – oder wie soll ich das Gefühl beschreiben, das mich zurückgehalten hat? Jetzt dagegen hat er seit über zwölf Jahren nichts geschrieben, und seit ich aus dem oben genannten Grund die Versform verwende, wage ich mich mehr und mehr an Dichtung heran. Daß die Lust und die Neigung dazu durch das große Lob von Runeberg, dem ich alles vorgelesen habe, gegeben hat, gewachsen sind, brauche ich wohl nicht zu betonen.

Folgende Werke sind im Laufe der Jahre zusammengekommen: *Koppärriga Lisa*[91], *Knöcklan*[92], *Fru Stina Lotta*[93] und kleine Stücke: *Den sista blomman*[94], *Den fängslade bardens maka sjunger*[95], *Lilla fruns barometer*[96], *De två stigarna*[97], *Storm på liten insjö*[98] und möglicherweise noch mehr. Es ist seltsam, mit fast siebzig Jahren einen fast neuen Weg zu beschreiten, da ich wahrscheinlich früher mit jüngerem Geist Besseres zustande bringen können.

Aber wie gesagt, ich wagte es nicht und wollte auch keine Bahn betreten, von der mir schien, daß ich dort keinen Erfolg haben würde. Dazu hätte ich auch das Selbstvertrauen haben müssen, zu denken "Auch ich bin Maler", aber eine solche Vermessenheit würde mir natürlich nie einfallen.

---

[91] „Die pockennarbige Lisa" (Anm. d. Übers.).
[92] "Der Fußknöchel" (Anm. d. Übers.).
[93] "Frau Stina Lotta" (Anm. d. Übers.).
[94] "Die letzte Blume" (Anm. d. Übers.).
[95] "Die Frau des gefangenen Barden singt" (Anm. d. Übers.).
[96] "Das Barometer der kleinen Frau" (Anm. d. Übers.).
[97] "Die zwei Treppen" (Anm. d. Übers.).
[98] "Sturm auf dem kleinen See" (Anm. d. Übers.).